ちくま文庫

大正時代の身の上相談

カタログハウス編

JN263150

大正時代の身の上相談室へようこそ

案内人・太田敦子

■「身の上相談」への素朴な疑問

「身の上相談」といえば、雑誌、ラジオ、テレビの定番メニュー。近頃ではそのパロディまで登場して、相談する人もされる人も余裕で楽しんでいる感がある。ところで、日本で公開式の「身の上相談」が定着したのは、いつごろなのか。この素朴な疑問が、本書誕生のきっかけとなった。

■思案にあまることのご相談相手

「一身上の出来事、たとえば結婚、離婚、家庭のわずらい、及び精神上の煩悶、婦人の職業問題等につき、男女に関わらずすべて思案にあまることのご相談相手となり、及ぶかぎりの力をいたしたいと存じます」――こうした予告文に続いて、読売新聞紙上に「身の上相談」が登場したのは、大正三年（一九一四年）五月二日のことであった。読売はその一カ月前、フランス「フィガロ」紙の婦人欄にならって、他紙に先がけ婦人家庭欄（当時の名称『よみうり婦人附録』）を設けている。

■昔の人はいったい何を悩んでいたのか？

もともとは単なる野次馬根性から「身の上相談」のルーツ探しを始めたのだったが、これが調べれば調べるほど抜群に面白い。ほぼ連日一、二件ずつ掲載された相談が、大正時代だけで十三年分！　その中から、「妻が処女じゃなかった」と悩む夫のように、素朴でナイーブでいかにも大正人らしい相談と、「衣食足りてもなぜか満ち足りない」とこぼす主婦のように、現代を先取りしたきわめて普遍的な悩みを中心に選んだ。本書を読むと、大正人の純情さと、また一方で現代の悩みのほとんどがすでに登場している事実に驚かれることと思う。(国際化、近代化、個人の平等化を旗印に、誰もが「文化的生活」を夢見、不況と前後するかのように、人々の関心が物質的満足から人間の精神性へと移っていった大正時代の、何と現代に似ていることか！)

■相談者と回答者の真剣勝負

マスコミ慣れして、パフォーマンスと化した平成の悩み相談と違い、当時は藁をもつかむ思いで投書している人が多い。回答者も、今では識者やタレントなど著名人を起用することが多いが、当時は担当の新聞記者が直接その任に当たっていた。何人かが交替しているようだが、みな驚くほど良識と洞察力に富み、相談者を親身に心配し、時には厳しく突き放す柔軟性、その人間味と懐の深さに、大正デモクラシーの理想像を見る思いがする。大正時代の「記者様」の回答は、私たちの悩みにもきっとヒントを与えてくれるだろう。

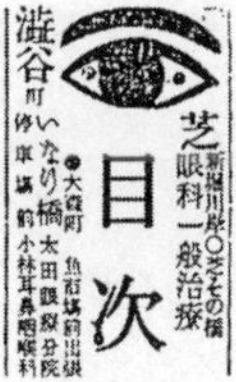
芝
眼科一般治療
目次
●大森町
太田眼科分院
澁谷町
いなり橋
小林耳鼻咽喉科

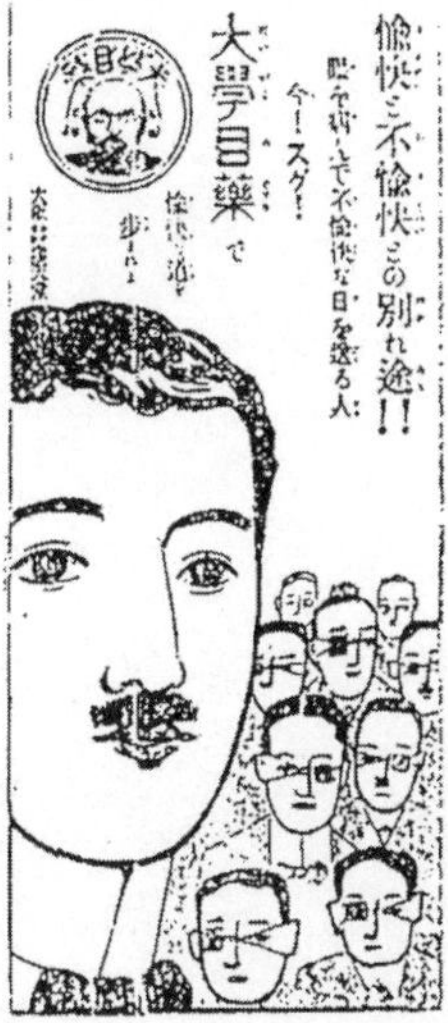

愉快と不愉快との別れ途!!
今!スグ!
大學目藥で

本文レイアウト　成澤望

大正時代の身の上相談

「身の上相談」相関図

大正デモクラシーの理想	理想とのギャップ
都市型「文化生活」 ■都市の出現 ■サラリーマン層の出現	■華やかな生活への誘惑と幻滅 ■下層サラリーマンの生活苦 ■急激な生活の変化によるお手本喪失
自由・個性の尊重 ■自由恋愛・自由結婚 ■女性の社会進出 ■生きがい探し	■古い価値観との衝突 ■自己表現・自己実現の困難 ■差別への憤り ■自由ゆえの責任増大
科学的合理精神 ■科学的合理精神 ■科学崇拝 ■脱伝統・脱しきたり	■ノイローゼ・神経症の流行 ■非合理性の抑圧 ■科学コンプレックス ■権威主義

大正デモクラシーと

大正人ゆえの新たな悩み

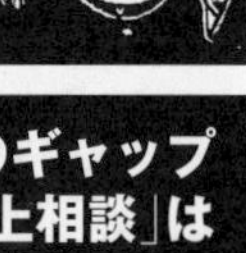

相談すべき経験者が身近にいない

（明治の庶民は
人間いかに生きるべきか
など、考える必要がなかった）

マスメディア（新聞雑誌）の普及

公開式「身の上相談」

ますます悩む

普通の人は
そんなに
才能がない

文学に走る

白樺派、ドストエフスキー、トルストイ、etc.

普通の人は
そんなに
悟れない

宗教に走る

マスメディアが掲げる理想と現実とのギャップに悩む大衆への救済策。つまり「身の上相談」はマスメディアによるアフターケアでもあった。

本書に掲載した「身の上相談」の記事は、大正三（一九一四）～十一年（一九二二年）発行の読売新聞から抜粋し、新字新かなに直して収録しました。収録にあたっては文章を多少直したり削ったりしましたが、内容の潤色はしていません。

其ノ一

清ク正シキ乙女ノ困惑

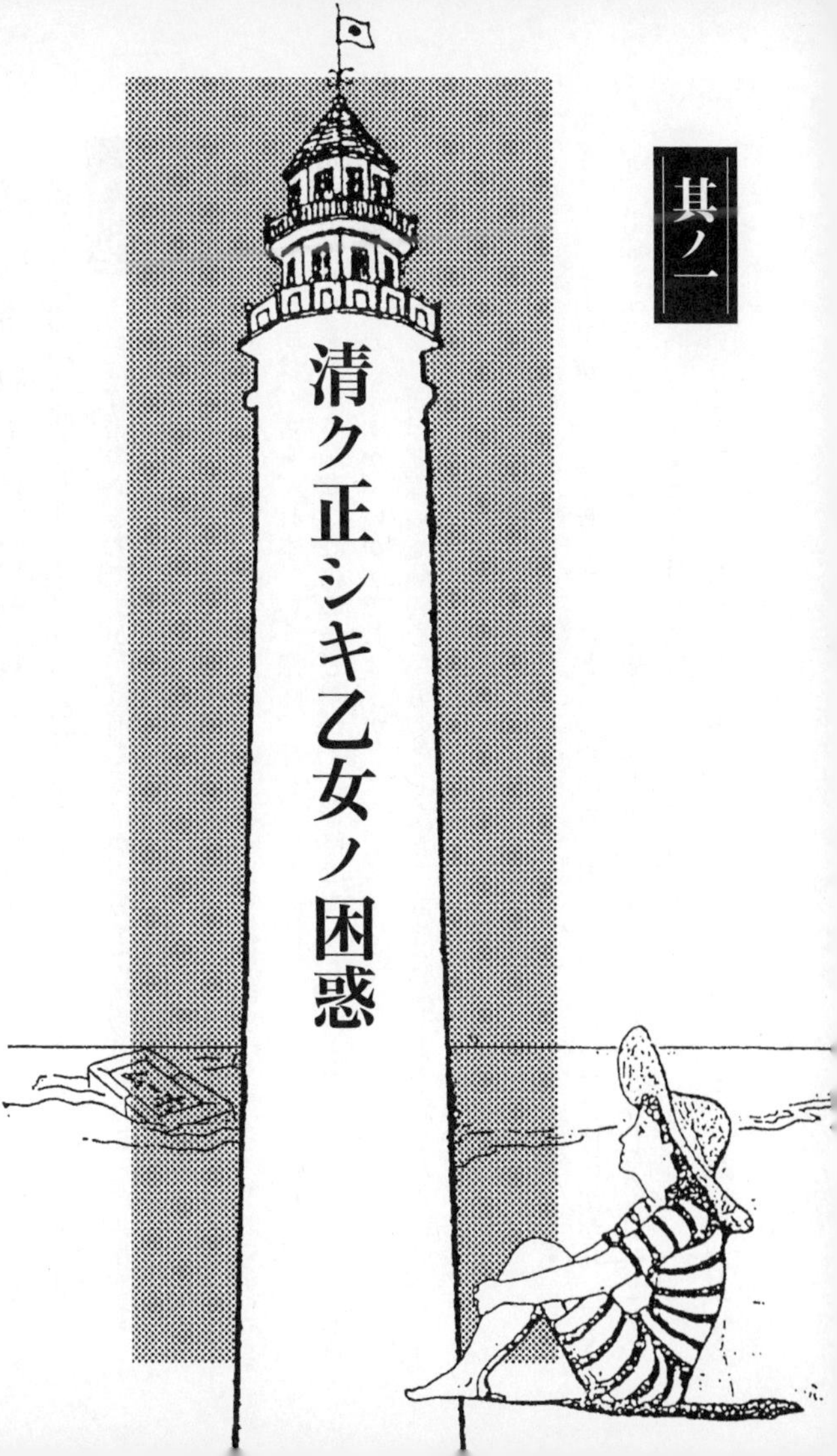

接吻されて汚れた私

婚約前ニ男ニ接吻サレ罪ニオノノク乙女

大正三年（一九一四年）九月十八日

私は許婚《いいなずけ》のある者ですが、以前あるほかの男子に接吻されたことがあります。世事に疎い私は、ただ熱烈な愛の表現と、別に深くも考えませんでした。実は、その方からも結婚を申し込まれましたが父母は許さず、その方は「あなたの身を汚したのだから、どうしても結婚してください」と申しておりました。

はたして接吻は、古来、日本でいう意味で身を汚すも同様でしょうか。もしそうなら、こんな汚れた身をもって純潔な許婚の夫と結婚する資格はないと思います。それゆえ、一生独身で送ろうと思いますが、いかがでしょうか。

それとも、もしさほど深い意味のないものとしたら、許婚に話し罪を詫びたらいいでしょうか。

（下の園さゆり子）

▼**お答え**　あなたが、心から許して接吻されたのでない以上、けっして身を汚したとは言えません。その男があなたの身を汚したと言ったのは、あなたをもらいたい言いがかりに過ぎず、許婚の方に話して詫びるだけの価値もないと思います。しかし、どうしても気がとがめるというのなら、笑い話として打ち明けてもいいでしょう。

ただ、そういうことで煩悶するあなたをありがたく思います。どうぞ、その清い乙女心を一生失わないように願います。

「それは取り返しのつかぬことをしてしまいました。そのような汚れた身で別の男性と結婚するなど、許されるはずがありません。罪を悔い、一生独身で暮らすほかないでしょう」なあんて、面白半分に脅したりしない記者様はエライ。しかし、年頃の女性がこんなにモノを知らなくていいんですか。まして一生「清い乙女心」を持ち続けられた日には、夫となる人もさぞやりにくいと思うのは、堕落した平成人の考え？

指輪もおしろいも

虚栄ヲ捨テラレナイ娘

大正四年（一九一五年）四月二十一日

私は高等女学校を終えた二十歳の女です。私も人並みにおしろいもつければ指輪も用いて平気でいましたが、近頃気がとがめるようになりました。下等社会を見るにつけ、ああ、私は無用の物に金と時とを費やして実にすまないと思い、少しずつ改めておりました。

ところが自分と同じ年頃の女が美しく装ったのを見る時に、ほんとうにうらやましく思うのです。これも都会生活が虚栄に満ちているためと、いっそ田舎にでも行きたいと思いますが、それもあまり極端と、また、もとのようにおしろいをつけ、指輪もはめてみましたが、どうしても良心がとがめます。ああ、私はこんなわずかなことに勝てないで、どうしたらよいでしょうか。

（都会の一少女）

▼お答え　まだ、あなたの心の光が足りないので外部のものに眩惑されるのです。指輪やおしろいを気にしないで、もっと光明をお慕いなさいよ。

記者様のお教え、もっともなれど、外部の眩惑に負けない心の光を養うのがどんなに難しいことか。そこで、僭越ながら妥協案を二つ。とりあえず良心を捨てじゃんじゃん虚栄に走る。するとある日突然憑き物が落ちたように、何もつける気がしなくなるのであります（長続きしませんが）。あるいは、自分では絶対買えない国宝級の宝飾品を見まくる。すると目だけが肥えて半端な物は見るのもいやになるのです。

人格者の父に妾が

涙ノ母上ニ私タチ兄弟ハドウスレバイイノカ

大正十一年（一九二二年）三月四日

私は女学校に通っている十八歳の娘です。一家は五十三の父と四十三の母と、姉が二人、幼い三人の妹、一人の弟、私を加えて九人の家庭です。

物質上には別にたいした不足もなく、普通なら多くの兄弟とともににぎやかに

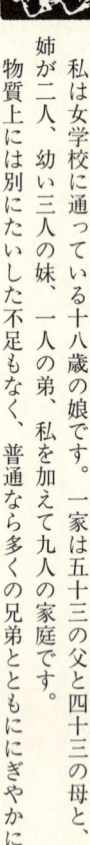

楽しく暮らしていけるはずですのに、父が七年前からある女と関係を続けて、なお迷いより覚めず、今では淀橋に一戸を構えさせ三歳になる女の子さえあるとのこと。そして、人のうわさには、その女はたいへん虚栄心の強い女で費用もおびただしくいるとのこと。これまでは人格者として相当の尊敬を払われていた五十以上の父が、こんなふうでは家庭が愉快にまわるはずもなく、母は毎日このことだけを気に病んで晴れ晴れとする日とてありません。悶々のうちに涙の日を送っていますので、私たち兄弟も、平然と見過ごしているわけにはいきません。それに後継者となるべき教育時代の弟もあることですから、こんなことを耳に入れて心配させたくはありません。

母の心情を思いやり、見るに見かねてつたなき筆をとり、ここにご相談申しあげるしだいです。真実の両親を持ちながら終日悩み暮らす少女のとるべき道をお教えください。

（悩みの少女）

▼**お答え**　若い時には、誰しも男女関係の失敗や堕落の歴史も珍しからぬことで、いわゆる「若気の過ち」であるからいくぶん恕すべき点もありますが、分別盛りの男の無分別には驚くほかありません。しかし、七年前からの関係ですでに子まである隠し女との絶縁ははなはだ困難で、第三者があれこれと忠告しても徒労のほかありません。

といって、放置しておいてはますます禍根を深くするわけですから、たいして効果はありますまいが、やはり父上のお友だちなり先輩なりで、人格者と認められる適当な方に頼んで、それとなく風刺的にいさめてもらうほかありますまい。
いっぽうあなた方ご兄弟は、母上を慰安し、協力して一家を明るく引き立てることに努めてゆけば、やがては父上が真に目覚められる時も来ることと思います。

やっぱり放っておくほかないのでは。幸いこの方は十八、もう少したてば自分で幸福な家庭を築けることですし。夫婦の問題は、子どもが口をはさめることではないような気がします。お母さんを慰めてあげることは必要ですが。分別ざかりの男の無分別は、所詮女には理解のできないことなのかもしれませんよ。河合隼雄先生の『中年クライシス』を読んで、私はつくづくそう思いました。

太り過ぎて人前に出たくない

容貌ガ醜クテ嘆ク二十一歳

大正六年（一九一七年）五月三十日

私は二十一歳の女です。この頃、あまりに肥満し過ぎてきましたので実に赤面の至りだと思います。自然と人様の前へ出るのもいやになってまいりました。そして、自分ながら容貌の醜いのを夜昼悲しみ通しております。これまではよく駆けっこなどをいたしましたのが、太ったためでしょうか、思うように走れないのです。
しかし、身体には別に異状もございません。

よく、やせる薬の広告が出ていますが、あれははたしていかがなものでございましょうか。

（悲しむ女）

▼お答え　お若いご婦人で、肥満して困る、という嘆きをおもらしになるのをずいぶんと伺います。ですが、あなたのように悲観しきっていらっしゃる方は、まあ、珍しいと申してもいいでしょう。

お若いご婦人がお太りになるのは、ある程度までは生理上自然な現象で、肥満症でもなんでもないのですし、あなたぐらいのお年頃は、時期としてもお太りになってよろしいのです。太り過ぎとおっしゃるのは、あなた自身で誇張して考えていらっしゃるのではありませんか。第三者から申しますと、概してやせたご婦人よりは、お太りになっている方のほうが、ずっと立派に見えるものです。やせる薬だのやせる方法だのとよけいな気苦労をなさらなくてもよろしかろうと思います。しかし、肥満にも程度のあることですから、この上のことは医者でなくてはお答えができません。過度の肥満は体質と食物からくることが多く、内臓を害して、重い病気のもとにもなりますが、お若い婦人のお肥えになるのは多くの場合心配には及ばないでしょう。それとも、あまり気になるようなら、とにかく医者にご相談なさい。人は容貌よりも心の美しいのがよいのです。醜いなどと悲観するものではありません。

一　気にするなと言われても、ますます気になるのが女心。やっぱりこの時代からやせる薬が出ていたのですね。ちょうど竹久夢二が少女雑誌の挿絵画家として活躍していた時期でもあり、少女たちは折れそうな柳腰のほっそり美人でなければ人にあらずと思いつめたのでしょう。現実にあんなに細かったらコワイですが。でも、投書の方はどうも限度を超えて太っているようです。思うように走れないのは、かなりまずいのでは。

芸者になるには声が悪い

兄ニ芸者ニナレト勧メラレ……　大正四年（一九一五年）二月二十四日

私は十六歳になる少女ですが、両親はなく、兄はいつも私に「芸者になれ」と言っております。今、ならなければ一生兄に捨てられますので、思案の結果、芸者になることに決めました。しかし私は声が悪いので、たいへん困っています。どうか、声のよくなる薬を詳しくお知らせください。（伯耆吟子）

▼**お答え**　声の悪い心配をするよりも、芸者になることについてもっと心配することが必要です。

あなたに芸者になることを強いるお兄さんは善い心ではありません。それゆえ、兄さんに捨てられても、芸者になることを思いとどまって、奉公でもしたらどうでしょう。

芸者になる身の不幸より声の悪いことを心配する少女。いいですね。私の友人が二十以上年上のバツイチの男性と結婚したいと親に話した時のことですが、お父さんは激怒して口もきかなくなってしまったのに、お母さんはすぐさま結婚式に着るものの心配を始めたとか。女というのは、どんな事態もすぐに受け入れ、やたら具体的な心配に先走りする傾向があるようで。でもこの少女、芸者の意味が本当にわかってんのかな。

女優になって活躍したい

大正四年（一九一五年）六月一日

家庭ノ事情ト女優願望

私は家庭に言うに言われぬ事情があるので、日々胸を痛めています。私のような不幸な者は、一日も早くこの世を去りたいと思い、苦しい月日を送っています。しかしまた、思い返して女優となり、できるだけ活躍してみたいとも考えますが、なんのつてもないので困っております。女優見習いを求めるところがあれば、お世話ください。

（あわれな女）

▼**お答え**　あなたの心理状態は非常に矛盾しているように思われます。世を悲観してこの世を早く去りたいという人が、女優のような華やかな生活を望むとは、まことに妙な感じがいたします。

しかし、極端に走るのも人間にはありがちなことですから、まず、よく心を落ち着けなければなりません。そういう極端な感情を抑えて、平常心にならないととんでもないことになります。いろいろな悲しい事情も、それに打ち勝って運命を切り開いていくところに、光明と希望を見出すようになさいまし。

こういう人、いいですね。打たれ強いっていうんですか。どんな不幸にあっても、ぜったいにしぶとく生き抜くタイプですね。いつも大騒ぎするから親身になって心配していると、本人はいつのまにかケロリとしていて、真面目に心配した方は馬鹿を見るという。でも本人はけっこういつだって大真面目で、だから憎めないんですね。私は、あきれながらも努めて平静を装って回答をされている記者様が好きだなあ。

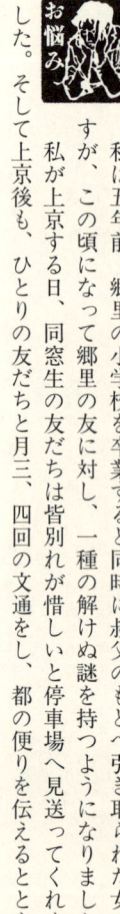

友が筆不精で不満

コチラカラ出サネバ手紙ヲ書カナイ友人タチ

大正六年（一九一七年）十二月十七日

私は五年前、郷里の小学校を卒業すると同時に叔父のもとへ引き取られた女ですが、この頃になって郷里の友に対し、一種の解けぬ謎を持つようになりました。私が上京する日、同窓生の友だちは皆別れが惜しいと停車場へ見送ってくれました。そして上京後も、ひとりの友だちと月三、四回の文通をし、都の便りを伝えるとともに、郷里の便りを聞くことを何よりの楽しみとしていました。

ところが、去る者は日々に疎しとか。一カ月に三度の文通もいつしか一度に減り、はてはこちらから先んじてご機嫌伺いを出さなければ、葉書の走り書きさえもらえないという始末になりました。私の多忙なときは、二カ月も三カ月も郷里からの文通を受け取れないということはおかしな話だと思えてなりません。

その後私は、家事の手伝いやら稽古事、読書などに忙しくて身体の二つもほしいようになり、お互いにいつ絶ったということもなく郷里とは文通せぬこと二年あまり。その間とて、むろん友だちのことを忘れていたのではありません。何度となく筆をとりかけたものの、在校当時それらの友からはいつも尊敬される位置にいた私は、そうすることが人一倍強い自負心を傷つけ、また何も悪いことをしないのに詫び状めいたものを書く必要もないと、軽いながら一種の反抗心も手伝うといった調子で、ついに無沙汰のまま今日に及びました。

これはもとより自分の不徳のゆえでもありましょうが「先に人から手紙がもらえねば、自ら進んで文通しない」という友だちの心の内には、利己主義とでも申す、恐ろしいとげとげしい気持ちがあるように思えてなりません。

それとも今の世間の人は、皆こんな行為をあえてしているのでしょうか。これが私には、なんともいえぬ悩ましい悶えであります。

今ひとつ、私のこの悶えを助長する事実として、上京後にできた友人で、今年の二月頃、麻布の方へ転宅した人がありますが、この友も私の文通を待たねば便りすることも知らぬ方なのでございます。交わる友のいずれもが皆こういった始末なのを思うごとに自己の不徳が省みられますが、さりとて、いずれをも不徳不徳といって責め立てるのも、なんだかこう物足りない気持ちがしてなりません。いったい、私のこの疑問はどうしたら解けるのでしょうか。　（名無し草）

▼お答え　あなたは気楽に叔父さんの世話を受けているのでしょうが、お友だちの中にはもうお子さんのある方もありましょう。お子さんがないまでも、暮らしに追われて余儀ない仕事をしなければならない方などもあるかもしれませんし、あなたはお稽古事だの読書だの、たまには田舎の人に書いてやりたいほどの都会の女としての誇りをたくさん持っていらっしゃるでしょうが、こういった人に、なんで都の友に手紙を書くひまがありましょう。友人との文通は今日の自分の務めをじゅうぶんに果たしたうえで、余裕があれば、先方に先んじてするに超したことはありません。

かんでふくめるように丁寧かつ威厳に満ちた回答がお見事。年端もゆかぬ少女には相手の立場に立って物を考えるゆとりなどなく、ただただ、どうしてお友だちは手紙をくれないのかしら、もう私のことなどどうでもいいのかしら、と小さな胸を痛めていたのでありましょう。一生仲よくしようねと誓った親友でも、成長し境遇が変わると、どちらが悪いわけでもないのに疎遠になる。悲しい体験を経て人は大人になるんですね。

人は死んだらどうなるの？

毎日ガ不安デ苦シム少女

大正四年（一九一五年）七月七日

私は田舎の少女です。私はどうしても安心な生涯を求めることができません。毎日毎日、人は死んだらどうなるだろうかと、そんなことを考えて不安な日を送り悶え苦しんでいます。どうか、あわれな私によい方法を。（迷女）

▼お答え　お庭の片隅に何でもいいからひと粒の種をまいて、親切にお世話してごらんなさい。朽ちたような種子から、かわいらしいふたばが出て、やがて成長して花や実をつけるとき、きっとあなたの心にも希望の光が輝きましょう。日々のあなたの生活も、ちょうど種まきのようなものと考えれば、死という悲しいものにも光明が見えて、安心な生涯を送っていくことができましょう。

「迷女」さん、あなたの不幸は早く生まれ過ぎたことです。大正時代には、丹羽哲郎も宜保愛子もいなかった。臨死体験の本や『チベットの死者の書』も、ＴＶの緊急スペシャルもなかった。今なら、「あなたはエジプトのお姫さまでした」とか「スコットランドの古城に住む騎士で、名声をねたんだ義理の兄に殺された」とか、前世を占ってもらうことだってできるのに。惜しいことをしましたね。

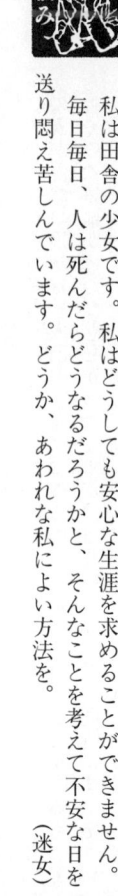

無為な生活ならいっそ死を

決意ト希望ヲ持ッテ上京シタケレド……

大正五年（一九一六年）九月二十一日

私は本年十八歳の女です。昨年女学校を終え、燃えるような希望と堅い決心とをもって上京し、某校に入学しました。

ところが、本年四月頃から何をするのもいやで、ことに授業に出たりするのがたまらなく面倒くさく、そのくせ何をするでもなく、学課も気にかかりながらブラブラ貴い時を空費しています。

そしてついには悲しくなって、こんな生きがいのない生活をするんならいっそ死んでしまいたいと思います。いったいこれはどうしたというのでしょう。どうぞ教えてくださいませ。

（煩悶女）

▼お答え　女の人がただの娘から一人前の「女」になる頃によくそういうことがあるものです。ですからむやみに気にかけたり悲しがったりするには及びませんが、同時にまたそういう時期は婦人の身にとって最も大きな危機でもあります。なるべく、挑発的で俗悪な小説や感傷的で低級な物語を避けて、古今賢婦人の伝記とか、その他あまりむずかしくない修養書などを愛読するようになさるのがよろしい。

ことに若い女の人に戒めねばならぬのは、異性に対する弛緩した心の持ち方です。ぐっと心を引き締めて、自分の道を確かな足踏みで進んでゆけるように、その身を慎み、修めるようになさいまし。

大正時代にすでに五月病が存在していたとは驚いた。もしや明治時代の慶応義塾や江戸の蘭学塾にも存在したのだろうか。いやはや、こうなるとサラセン帝国の医学生や唐代の科挙の試験に合格した秀才たちもこの病に悩まされたやもしれぬ。あなおそろしい。五月病とは文明病であったか。不眠症の特効薬は眠くなるまで起き続けていることらしいから、五月病も何事かをしたくなるまでボーッとしていればいいのでは。

永久に兄として慕いたい

一生結婚セズニソノ方ヲ慕イタイ

大正四年（一九一五年）八月二十日

私は二十二歳になる、虚弱で感傷的な女で、十八歳のとき女学校を出ましてから、少々文学や音楽に趣味を持つようになりました。

父なき私には、七、八年前より父とも母とも頼むひとりの方がございます。一昨年より某外国商会に勤めておられますが、今もやはり妹のように愛してくださいます。趣味も同じで、母よりも姉よりも一番よくわがままな私を解してくださいます。

けれど、私はその方を慕えば慕うほど結婚などという解答をつけたくはございません。永久に、ただ兄上として仕えたいと思います。

そして自分はこの美しい想いを抱いて、一生宗教生活を送ろうと考えます。それが真の幸福であると思いますが、母や姉はそんな夢のようなことをと笑って何にも申しませぬ。なにとぞ、世間に疎き私の行く道をお教えくださいませ。　（迷える子羊）

▼**お答え**　あなたの清い感情をうれしく存じます。しかし、結婚はあなたの思うように堕落ではありません。結婚を清いものにするか、汚いものにするかは、当人の心がけしだいですから。あなたが現在の清い心を持って結婚し、夫をも清く感化なさったら、さだめし立派な家庭ができるだろうと思います。

そういえば小学生の頃、友人たちと「一生結婚なんかしない!!」と誓い合ったことがあったのを思い出してしまった。あぁ、恥ずかしい。まったく何考えてたんだか。女の子という生き物は、ときどき発作的にこういうワケのわかんないことを言いだすのであります。放っておけば、本人もケロリと忘れてたりもするもんですが。しかし、この方は二十二歳、本人はいいとして、相手の青年に同情しますなあ。

本統《ほんとう》に彼女はまだ
醜い植物と云うものを見た事がない。
悉《ことごと》く美しく、正しく、善良である。

野上弥生子『我家の円天井』——大正六年

其ノ二

アドケナキ少年ノ苦悩

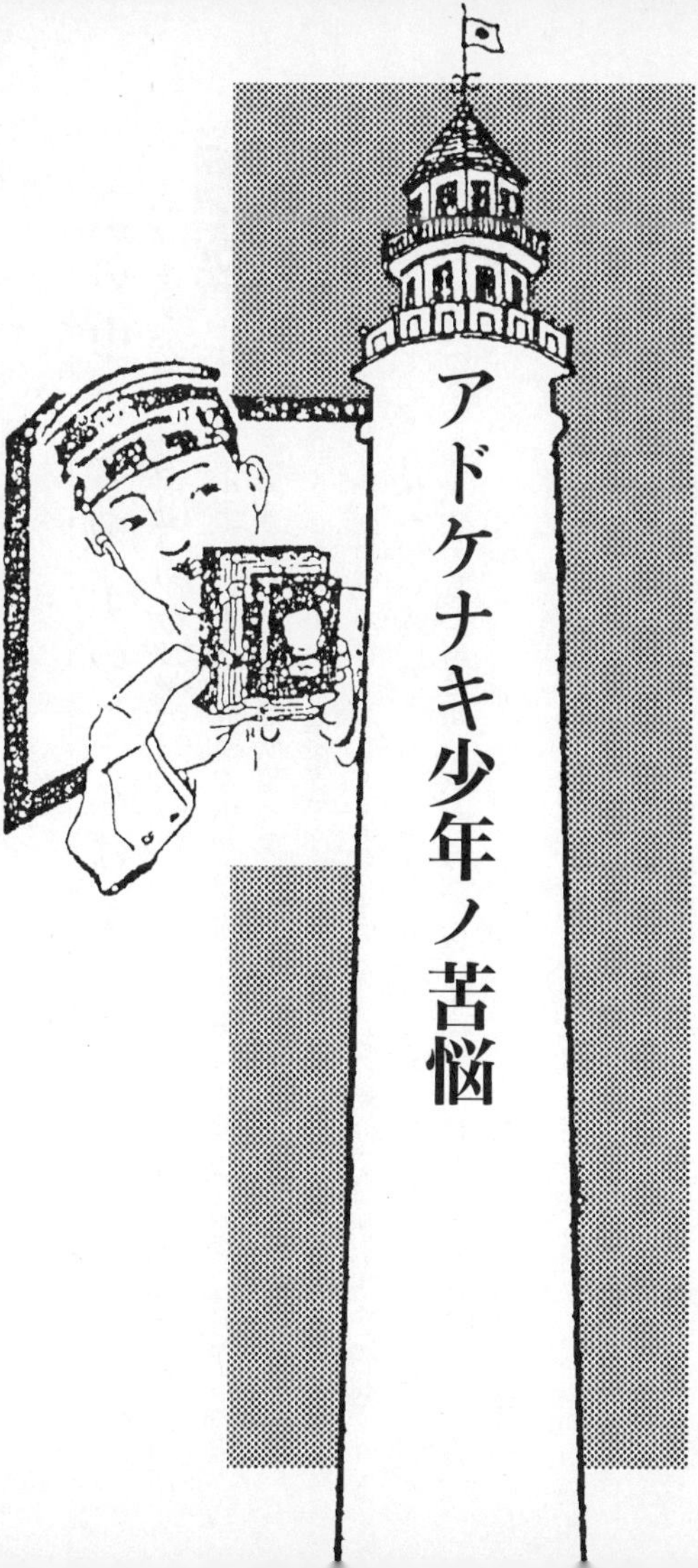

頭の中は女の子のことばかり

心ノウジャウジャヲ払イノケタイ……

大正三年（一九一四年）八月二日

私は中学生です。十四、五歳の頃から小説などを読み耽ったため、異性への憧憬を感じ始めました。憧憬は欲望となり、しだいに私の小さな身体を完全に捕らえてしまいました。小学校を優等で卒業したときは親たちは喜びました。しかし今は学力が劣ってゆくのが自覚され、寂しくてなりません。私の周囲には汚い灰色の虫がうじゃうじゃして心と身体へ喰い入ってくるようです。払っても払っても払いきれないほどに。どうしたらこのうじゃうじゃした虫を払い散らして、桜の花のように美しくなることができるでしょうか。

（神田明神下十九歳生）

▼**お答え**　小説など読まずに古今英雄の伝記などを努めて読むようになさい。それから妄念が起こってきたときには、冷水で頭を洗い、また部屋にこもらず散歩をなさいまし。そういう妄念を絶対に払いのけることはできません。ただそれを転換して、清いことを考えるようにするのが秘訣です。

冷水で頭を洗えだの、清いことを考えろだの、冷たく言い放つ記者様、あなたはきっと女性ですね。「神田明神下十九歳生」さん、君も、友だちや尊敬できる先輩に相談すればよかった

のに、お気の毒。でも「汚い灰色の虫が……」の描写はひどくリアルで詩的だ。才能のある人だと思うよ。

ぶかっこうな身体

大正六年（一九一七年）八月二十二日

オ尻ノ大キサニ悩ム少年

僕は十四歳で、ある中学の一年生です。今度の試験でめでたく級長になりましたので、非常に喜んでいます。

が、それと引き替えにひとつの悲しいことがあります。それは僕のお尻が大人の女の人のように大きいことです。もしこの悲しささえなかったら、どんなに幸福に暮らせるだろうかと思うと、情けなくなってきます。

どうかして、この大きなお尻を小さくする工夫はないでしょうか。僕は毎日そればかりに心を奪われています。どんなことでもしのびますから、どうぞ治す方法を教えてください。

（KG生）

▼**お答え**　君は、実に偉い少年です。身体のぶかっこうなところを改造してまで幸福を願うのは感心な心がけです。が、お医者様でも草津の湯でも、大きいお尻が小さくなった話はま

だ聞いたことがありません。ひとつ、君が研究をしてみたらどうです。もしくはお尻の心配をしなくなるように、心の改造に努めたらどうですか。お尻が大きいのは座りがいいからいいが、こんな心配をむやみとするほど肝が小さいのはよくないものです。もっと肝を太くすることを考えたらどうですか。あえてこのひと言を君に贈ります。

面白い、実にユニークな悩みではないだろうか。背が低いとか、顔が悪いとか、そんな平凡なのと違って、〝お尻がでかい〟とは。私が思うに年頃のお姉さんあたりが、「やだぁ、この子ったら、私よりお尻が大きいわ。見て、見て、お母さま」とかなんとか騒いだんじゃないでしようか。ふつう自分では気がつきませんよ、こんなこと。罪つくりだなぁ。思春期の男の子の前ではくれぐれも言葉に気をつけませう。

級友に頭を蹴られ

無念ヲ晴ラスニハドウシタライイカ？

大正四年（一九一五年）五月十五日

私は地方の中学を卒業し、高等学校の受験準備のために上京して、親戚のやっかいになっている者です。

中学四年のとき、寄宿舎で同級生のひとりと衝突したところが、その者は不快にも多勢を頼み私の頭を足蹴にしました。

私は士族の家に生まれ、幼いときから、頭部は他人に手を加えさせてはならぬと父に申し聞かされておりましたのに、土足で蹴られたというのは実に耐えられないことでした。しかし先方は徒党を組んでおり、万一大事な身体にけがをしては、と耐えがたきところをこらえていました。

しかるに今回上京しますと、この友人もまた受験準備のため上京していたのです。無念無念と思い続けていますが、養子の身で軽挙妄動もできません。この無念を晴らして愉快に勉強できるようにはどうしたらいいでしょうか。（わきた）

▼お答え　その人と握手したらいいでしょう。

自分に悪いことをした者と仲良くすることは非常にうれしいものです。あなたから親しい交際を求めていったら、その友人も必ず折れて出て、前の無礼を詫びるでしょう。うらみに報ゆるに徳をもってすることは、いかなる場合でも立派な行為です。

デモクラシーの世に〝士族〟の誇りを持ち続けている少年がいたとは愉快、愉快。しかるに記者様のお答えは、ちと優等生すぎるのではあるまいか。今度は敵も一人。あの時はよくも、と一発なぐれば「わきた」君の気も済むし、案外仲よしになれたりして……。

このままでは落第

親不孝ナノデ異郷デ丁稚奉公デモ……

大正八年（一九一九年）二月八日

私は、岡山から十二里ほど離れたある公立中学に通っている生徒です。三月になって無事に進級して、故郷の両親に安心を与えることができるかどうか、煩悶しています。

私は神経過敏な男で、愚かにも一、二学期は乱暴をきわめ、当然退校となるべきところを同情ある校長の恵みにより、今日まで命をつないでいました。

私は冬休みに帰宅したとき、自信はありませんでしたが、両親へは一時逃れに進級を誓って来たのです。しかし、今さらながら過去の不品行、不成績を顧みますと、とうてい進級は不可能なようです。

落第してしまったら親不孝ですから、遠い異郷へ飛び出し、精神修養のため丁稚奉公でもして、しかるのちに復学しようかとも思います。私はどうしたらよいでしょうか。

（岡山県のT生）

▼**お答え**　もちろん、落第は恥辱であり親不孝であるに違いありません。

がしかし、家を飛び出して遠い異郷で丁稚奉公するほどの決心があるなら、親に詫び、今後は大いに勉学して、生まれ変わったようになって今までの不成績を取り返し、自分の面目を上げて両親を喜ばせたらよいでしょう。

うふふふ、かわいいじゃありませんか。「精神修養のため丁稚奉公でもして」という発想がけなげで泣かせます。こんなに真面目なんだから誰かに挑発されて暴力沙汰を起こしてしまったのでしょう。本人も反省してることですから、この投書を読んだ校長が落第を取り消して、「そのかわり、来期は真面目に頑張るんですよ」なあんて言ってくれたりすると最高なんですが、人生、そんなに甘くはないか。

記憶力も思考力も鈍い

モット確カナ精神ヲ身ニツケタイ少年

大正四年（一九一五年）八月三日

私は、幼年時代からいたって記憶力が鈍く、思考力も足りないので数学はいつも成績が良くありません。

近頃、冷水浴を始めてみましたが、いっこうに効き目も現れません。

今日ある人から、親指が短い者や、耳や頭の小さい者は成功しないと言われたので、せっかくの努力の決心も鈍くなってしまいました。

こんなことでは前途が案じられてなりません。

もっと確かな精神になり、記憶力や思考力が増すようになるには、どうしたらよいでしょ

うか。　　　　　　　　　　　　　　　　　　　　（S・M生）

▼**お答え**　人の一生では、成功するかどうかは問うべきことではありません。自分の価値で、正しく生活してゆけばよいのです。

あなたもあまり脇目をふらず、足もとを見つめてお進みなさい。

そうすれば人の評価にもしだいに動かされなくなります。

記憶力や思考力は、一朝にして増すものではありませんから、冷水摩擦を続けて、なるべく頭寒足熱をお図りになったらよろしいでしょう。

どうもこの時代は冷水浴がはやっていたらしい。しかし、この人は面白いですね。すぐやる気をなくす理由を探すところが。若いうちから確固たる信念を持つなんて無理、無理。こんなもんでいいんじゃない？

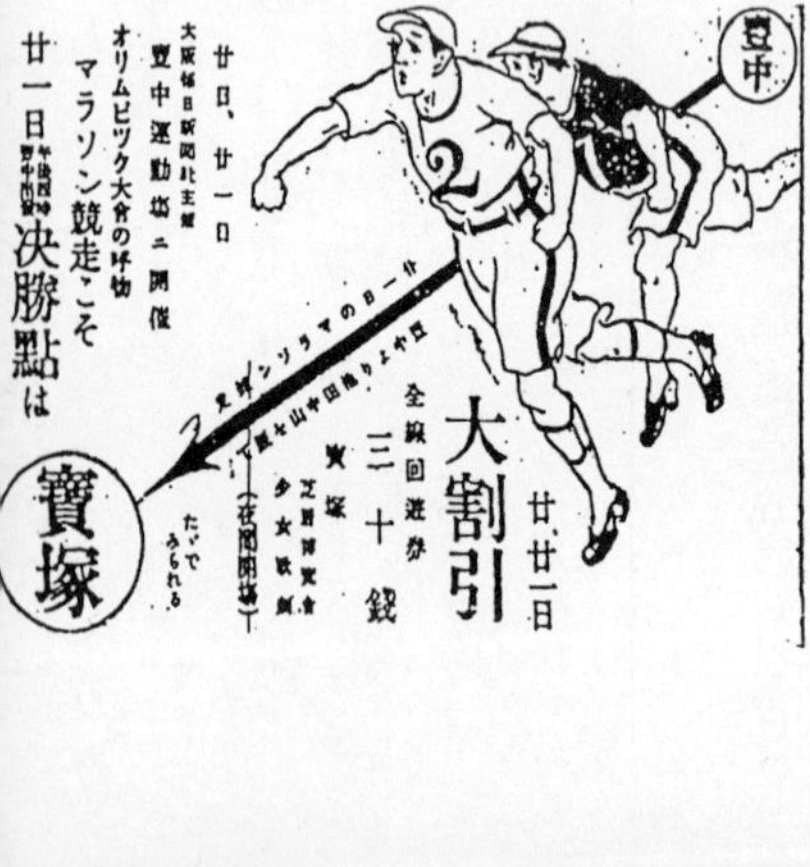

僕は救われないから苦しいと云う、
君は苦しんで居るから救われると云う。

谷崎潤一郎『AとBの話』――大正十年

其ノ三

ソロソロオ年頃、ノ憂鬱

恋をとるか友情をとるか

親友ト同ジ人ヲ好キニナッタ娘　大正八年（一九一九年）一月二十八日

二つ年上の親友Tさんと私は、姉妹の契りを結んでいる仲です。

そのTさんがこの頃ふさいでいるので気がかりでならず、尋ねてみましたところ、Tさんは涙ながらにこの妹に心を打ち明けてくださいました。それを聞いた私は、何とも言いようのない悲しい思いでした。

私は彼女に何でも打ち明けていましたが、ただひとつ、話さずにいたことがあったのです。それは、私の家に来るKさんのことでした。しかるに、Tさんが打ち明けたのもKさんのことでした。

Tさんの頼みですから、私はどうしてもKさんをあきらめねばと思いました。しかしKさんの優しい言葉など思い浮かべると、どうしてよいかわかりません。

Tさんと仲良く暮らしてゆくには、私があきらめねばならないのでしょうか。私はどうしてもTさんと姉妹の縁切りをすることができないのです。が、Kさんのことも思い切れません。

私のとるべき道をお教えください。

（さくら草）

▼お答え　美しいあなたの心をうれしく思います。

あなたが理想的な立派な女となるためには、自身を犠牲にして親友の思いを達してやることです。

それには非常な悲しみがともないますが、あなたはそれによって心を修練することができ、真に金剛石《ダイアモンド》のような光を発することでしょう。苦しみはじゅうぶんにご同情いたします。

親友のために恋しい人をあきらめようという犠牲的精神、それはたしかに美しいかもしれないが、「さくら草」さんも記者様も肝心な点を見落としておりませんか。男の方にも意思ってものがあることを。

一度汚れたこの身でも

心ガ弱ク取リ返シノツカヌコトニ……

大正五年（一九一六年）一月十一日

私はまだ十八歳の女ですが、ある会社員と親しく交わっているうちに心弱くも、取り返しのつかぬことになってしまいました。その男は私と年が十八も違いますし、また非常に多情な人で、私の妹にまでそんな振る舞いを見せますので、私は非常に煩悶しています。

ところでただ今、ほかからも結婚の申し込みがありますが、一度汚れたこの身をどう決心したらいいものでしょうか。

（大蓮久美子）

▼**お答え**　そのことを隠して、ほかに縁づくのは人を欺くというものです。といって一度こうなったからと、そんな男に身をまかせるのは考えものです。
忌憚なくいえば、あなたはただ悶えなければならないのです。今こそしみじみと自分を悔いなければなりますまい。まず真に悔いて、謹慎することが必要です。
そうして、その上で縁があった場合に、初めてそれにつくべきでしょう。
しかし、過去は必ず懺悔しなければなりません。

うーむ、過去の男関係は隠し通した方がいいのだが、この時代の男の処女へのこだわりは並みたいていではないので（「困ッタ夫……」「妻ニ手コズル……」の章を参照されたし）、バレた時が問題だ。かといってあらかじめ私は汚れておりますなんて言えば、まとまる縁談もまとまらないし……。でもスケベオヤジとは別れるべきだ。これは平成も大正も変わりません。

裁縫嫌いの目が覚めて

今サラ習ウノモ気恥ズカシイ……

年月日不詳

私は十八歳になる女です。が、生来裁縫が大嫌いで、ひまさえあれば小説や雑誌などに親しんでいた罰はテキメン、もはや婚期も迫っているのに、自分の着物ひとつまとめられません。

やっと目が覚めてまいりました。

しかし、身から出たさびとはいえ、今さら裁縫の稽古に行って一ツ身*から教えてもらうのも気恥ずかしく、初心の者にもわかるような、裁縫の裁ち方および縫い方をていねいに書いた本はないでしょうか。

もしありますれば、発行所をお知らせ願います。

（やよい）

▼**お答え**　書物で裁縫の稽古をすることは、困難だと思います。

六十の手習いということもありますから、今から教師についてお習いなすったほうが良いと思います。

さようなことを恥ずかしがるようではまだだめです。

---

*「一ツ身」とは、赤ちゃんの産衣などいちばんカンタンに縫える着物のこと。大正時代の女性はたいへんだ。「やよい」ちゃんも、ドロナワ式の修業などあきらめて、着物なんか全部人に縫わせるお金持ちの奥さんになればいいのに。でも、よく考えたら、良家の奥さまは見習い奉公の女中さんにお針の指導をしなきゃいけないのであった。ところで、「テキメン」をカタカナで書くのって、とってもハイカラ！

結婚に希望が持てない

一生独身デ看護婦トシテ生キヨウカ

大正三年（一九一四年）八月三十一日

私は本年十九歳で、他家に奉公中のふつつか者でございます。私の友だちに、不幸な結婚をして嘆いている方があり、私の従兄もまた家庭の不和から味気なき日々を送っております。それらを見るにつけ、私は看護婦となって一生独身で送りたいと思っております。学力は小学校の六年を出たばかりで、そのほかには何の素養もありませんが、どうか私の望みを遂げる道をお教えくださいませ。（一女）

▼お答え　独身で送る決心はともかく、看護婦になられることは差しつかえないでしょう。どなたかこの方を雇ってください。

この手のお悩みは、ほかにもたくさん目についた。ろくすっぽ知りもしない相手と結婚するのがあたりまえの時代だから、不幸な人が多かったのも無理はない。そういう例を目のあたりにすれば、結婚に夢を抱くのもむずかしいだろう。結婚して苦労するぐらいなら、気楽な独身でいた方がまし。うん、わかる、わかる。あれ、今とちっとも変わってない。今じゃ恋愛結婚がほとんどのはずなんだけど……。

嫁入り前の職業は？

女モ手ニ職ヲツケテカラ結婚スベキカ

大正七年（一九一八年）一月十四日

私は、二十歳になる親がかりの娘です。

この節は、とかく皆さんが、お嫁入り前に何かと職業を覚えることを急ぐようですが、私にはそんな勇気が出ません。

そういった人たちがしきりと華やかな都会に憧れて、うかうか二、三年を費やした結果、ヒステリーがかった風で郷里へ帰って来られるのを見ると、何とも言えぬお気の毒な気がしてなりません。

けれどもよく世間にあるように、働きの足らぬ夫へ嫁いで、埒《らち》の明かぬ苦労をすることはたまらないことです。そういった場合にと、何かひとつ仕事を身につけておきたいとも思いますが、私のこの考えはグルグル循環して、いまだにどうすればよいか定めずに、親がかりでその日その日をだらしなく送っています。どう決めたらよいのでしょうか。（ふみ子）

▼お答え　よいところへ気がつきました。しかし、これはかなり難しいことです。一度に言い尽くすことはできませんから、ここにその一端だけ申しておきましょう。

何かひとつ仕事を覚えておきたいと思う人は、一生貧しく暮らすのはいやだと思っている人です。もとより、貧乏でよいというのではありませんが、しがいのある貧乏ならしたってよいのです。たとえ貧しく暮らしても、夫のために身を打ち込んで女の役目を尽くすなら、貧しさもさほど苦にはならないはず。人間の幸福は、貧富を超越したところにあります。

女性の特色は、どちらかというとそういう縁の下の力持ちにあるらしいのです。もし女の人が、この点に本当に目が開いているなら、何も職業を覚えないでお嫁に行ってよいのです。女性の本分そのものが、すでにお嫁入りの資格です。

ですから、結婚後のために職業を学ぶ心がけは、考えようによっては取り越し苦労になります。真に女性の本分がわかっている人には、仮に悲境に遭遇したとしても、暮らしのためになる智恵が出るはずです。それが出ないような不満足な人間は、この世に作られてないはずです。もしあるとすれば、その人が女性の本分を知らない、わがままで横着な女であるに違いないのです。万一の場合をあらかじめ考えてかからなければならぬほど、人生は不自由にはできていません。むしろ人間は、どんな場合にでも、相応に暮らすような力が与えられています。

お嫁入りの準備は、この点を明らかにわきまえるということです。それ以上に何か専門の仕事ができればこの上もないことですが、なくったって必ずしも悪いことではありません。

女子の独立について、いろいろな議論が発表されていますが、その根本問題は、今言った点にあると思います。

一　この問題は、実に平成の世でも解決されていませんね。結婚して子どもを生めば、会社は辞めざるをえない。いったん辞めると復職はむずかしく、条件の悪いパートしかない。子育ての後、復職できるように手に職をつけようとすれば、婚期が遅れる。家賃や家のローンや教育費が上がった分、この問題はかえって深刻化しているような。でも、記者様の言うとおり、取り越し苦労はしない方がいいのかも。

年下の男を救いたい

内気ナ男ノ純情ヲ解サナカッタ罪ナ私

大正五年（一九一六年）九月十七日

私は、二十三歳になる看護婦です。去年、横須賀の某病院に勤務中、まだうら若い外科の患者がありました。非常に優しい内気な人で、私も感心してできるかぎり手を尽くしてあげたのです。するとその方も非常に喜び、全快し退院の節も、自分は今後あなたを亡くなった姉の再来と思うから、どうぞ姉弟のようにつき合ってくれ、とのことでした。

それからは、手紙のやりとりをしたり、会って話をしたりしていましたが、それを私の婚約者が知ってたいへん立腹し、その方を面前でののしりたてたのです。私は、その方が婚約者に誤解されたのを気の毒に思いました。すると長い手紙がまいり、開けてみますと、実に驚いてしまいました。

その方はとっくから、私に恋をしていたのだそうです。が、内気のために、そんな気配を見せられなかったのだそうです。そして、いよいよ学校を卒業したら打ち明けようと思っていると、不意に横合いから婚約者の男に飛び出されて（その方と私とに妙なうわさが立ったので、私は意地ずくでほかの男と婚約したのです）、絶望のあまり今では自暴自棄になっています。私は、どうしたらあの方を救うことができましょうか。

（さち子）

▼**お答え**　あなたの言うことは首尾一貫していないようです。のちの手紙で、初めてその若い人が自分に恋をしていたのを知ったと言うかと思えば、その人と妙なうわさが立ったので意地ずくでほかの男と婚約したと言うなど、ふに落ちない点があります。

いくら内気な男でも、恋をしていることを少しも気づかせないということはなさそうですし、最初は恋でなくても、若い男と親しく文通したり、面会したりしていては、恋に落ちるのが自然です。それを少しも顧慮しなかったのならば、あなたの責任は重いと言わなければなりません。

そんなつもりで交際していたのではないのに、思いがけない恋と知って驚くこともないではありませんが、あなたのはそれとは少し趣が違うようです。

きちんと事情を述べてその若い男をなだめ、真に姉のような温かい心で自暴自棄を戒めるよりほかに道はありますまい。

それにしても、重ね重ね、あなた自身の不謹慎と不注意とを謝ることを忘れてはなりません。

育ちのよい世間知らずのお嬢さんが、親や自分の境遇に反発して妙な男に引っかかるパターンは、今も昔も同じ。極端な理想主義ほど危険なものはないですね。極端に計算高いのも、かわいげがないけど……。その点、記者様の回答は実に現実的で明快だ。よほどの覚悟と情熱がないと、自分の境遇を大きく変えて順応するのはむずかしい。さて、いわゆる「三高」だが、記者様なら何と言うかしらん。

旧式な父母に憤慨

縁談デ家柄ヤ財産バカリ気ニスル親

大正四年（一九一五年）八月十日

私は二十四歳になる女です。教育はありませんが、裁縫正教員の免状を持っています。私は奉職したいと思いますが、旧式な父母は承知しませんので、今は家事手伝いをしています。いくたびか縁談がありましたが、家柄や財産のことばかり申す親に従う気にはなれません。私は家柄や財産よりは、最も私に適した人物を望んでいます。が、一方では、現代の生活難を恐れずにはいられません。自分の好きな手先の仕事で終生過ごそうかと思っても、生活難を思うと心配でなりません。どの道をとれば、本当に幸福になれるでしょうか。（悩める女）

▼**お答え**　人格や手腕は、家柄や財産に必ずしも反するものではありません。世の中には、家柄もよく財産もあって、なお人柄も立派で手腕のある人もいます。それゆえ、ご両親が選ばれたうちで比較的立派な人物があれば、それにお定めになるがよろしいでしょう。人間は、自分の境遇の範囲で一番良い方法をとるようにせねばなりません。そうすれば幸福になれるのです。

家柄や財産ばかり気にする親に反発はするものの、「清く正しく貧しい」生活にもちらりと不安が……。現代の若い女性の心理もこんなもんじゃないでしょうか。親ってものはしょうがないですね。そして、娘たちも親になるとやっぱり、家柄や財産で相手を値踏みするようになるところがおもしろい。自分たちが若かった頃のことは忘れてしまうのか、それとも経験上そうなってしまうのか。どっちだと思います？

若い時には若い心で生きて行くより無いのだ。
若さを振りかざして運命に向かうのだよ。

倉田百三『出家とその弟子』——大正六年

其ノ四

アァ青春ノ懊悩

もう異性で悩みたくない

学問ガママナラズ妻帯シタガル青年　大正三年（一九一四年）十一月十三日

私は二十歳の青年です。現在、高等教育を受けていますが、もともと異性に対しては非常にもろい性質なのです。夜、机に向かって書物をひもとく時も、静かに物事を考える時も、通学の途中や芝居で隣合わせになった若い娘さんのことなどが夢うつつのように脳裏に浮かび、そのために大切な学問も思うようにいかず困っております。それで、早過ぎるとは思いますが、妻を迎えるとか何とかしてこの苦痛を除こうと思いますが、どんな手段をとったらよいでしょうか。意志薄弱、と一言のもとに非難せずに、どうぞ適当な方法をお教えください。（迷える青年）

▼お答え　若い人には、よくそういうことがあるものです。夜寝る前に冷水で頭を洗う習慣をつけたら、そういう苦しみも薄くなるだろうと思います。二十歳のあなたが妻帯するのはまだ早いでしょう。もっともっと勉強もし、煩悶なさいまし。

出ました、記者様お得意の冷水療法！　ＡＶもビニ本もない大正期（今で言うフーゾクはあったはずだが、普通の青年には敷居が高かったのかもしれないね）の青年の悶々……。逆に言えば、今の青年には得られようもない刺激と新鮮な感激が待っていたわけで羨ましい気もするが。でも、いきなり妻帯を考えるのはいくらなんでも早計すぎるんじゃないかい。妻はティッシュじゃないんだから、使い捨てはできないよ。

求婚する勇気がない

学業モ手ニツカズ身モ衰弱シテ……

大正十一年（一九二二年）八月十四日

僕は二十三歳になる私大生ですが、二年前にある女性と恋に落ち、離れがたい仲となりました。ところが、去年の三月に別れたきり、今日まで一度も会っていません。手紙の交わりは続けていますが、彼女の家族の手前、本当は便りもできないのです。

彼女の母には一度会ったことがあり、二人の仲には同情を持っているようでしたが、訪ねて行って、結婚を許してもらう勇気が僕にはありません。

長い間、煩悶を続け、学業も手につかず、身も衰弱しました。今後もこのままで悩み多い後半生を生きねばならないのでしょうか。

彼女は今、ある会社の事務員をしています。いっそ会って心持ちを尋ねたいとも思いますが……。

（東功雄）

▼お答え　多くの青年のように、あまり猪突的でも困りますが、あなたはひどく気の弱い、意気地のない方かと思います。そのために、開かれる運命もあるいは閉ざされてしまっているのかもしれません。人間は、自分が真に欲すること、真に望むことならば、誰の前でも、また誰に対してもそれらを表白するのに遠慮する必要はないと思います。深く考えて正しいことと思ったなら、もっともっと勇気を出して実行にあたりなさい。開かれない運命でも、必ず開かれると思います。

この人はたしかに極端だけれど、いざ相手の家に乗り込んで結婚話を切り出すのは、今の青年にとってもすごいプレッシャーみたいだよ。その点、お見合いは最初から親公認だから便利だ。「東功雄」さんもいっそ媒酌人を立て、代わりに先方に行ってもらえばいいのである。

腐れ縁を切りたい

堕胎経験ノアル女トノ関係ニ悩ム男　　大正五年（一九一六年）一月十五日

私は先頃まで田舎の医院に奉職していた者ですが、一昨年の春から土地の娘と懇意になり、ついに相愛の仲となりました。

ところが処女だとばかり信じていたその女は、私以前に三人も関係した男があり、堕胎の大罪まで犯していたことがわかりました。私は卒倒せんばかりに驚き、さっそく関係を断つべく女に通知しました。すると私が由緒ある家柄であることを知っている女は「そんなことをいうなら今までもらったあなたの手紙を公開して、あなたはもちろん、あなたの家の名誉を毀損する」と脅迫するのです。心で泣きながら、私はその後も関係を継続し、近頃は少々自暴自棄にもなって、彼女の言うままになろうかとも思っています。

そして、このたび両親に無断で出京した私は、非常な窮地に陥って無一文で野宿をすることさえありましたが、そのことを彼女に話すと健気にも若干の金を送ってくれました。その金は、すでに私が就職したあとだったので役には立ちませんでしたが、私は非常にうれしく思いました。

今、彼女はしきりに私のそばに来たがっています。しかし私の心の底では、祖先に対しても、こうした女との腐れ縁を叱責してやみません。ああ、私はどうすればよいのでしょうか。

（T生）

▼**お答え**　もしあなたに、こうした女を救って後半生を真面目に送らせようとする心と、それだけの力がない以上は、どうにかして切れなければなりますまい。自暴自棄な心から同棲したとしても、あなたをますます精神的に堕落させるばかりか、女を幸福に導くこともできません。

あなたの本心が、どうしてもその女との縁を許さないのならば、自分で汚した自分の名誉を、多少は犠牲にしても、断じて切れなければなりません。

それにしても、あなたはただ自分ばかりが清浄になることを考えずに、もう一歩進んで女ひとりの運命についても考えなければならないと思います。

潔くすべてを両親に打ち明けて、その指図を待ち、けっして自分ひとりで無理に臭いものにふたをしてはなりません。


「卒倒せんばかりに驚き」だの「心で泣きながら」だの、妙に女々しい男だ。これだから、おぼっちゃん育ちは困る。大方、女の方では最初から狙いを定め一人暮らしの医者をかいがいしく世話したりしたのだろう。飛んで火に入る夏の虫ってとこだ。まぁしかし、そんなに悪い女ではなさそうだし、気の弱い男には海千山千の娘が案外合ってるんじゃないかなあ。こうなったら覚悟を決めて、結婚しちゃうんですな。

人並みの背になりたい

気ニナッテ学問スル気ニモナラナイ青年　大正九年（一九二〇年）五月六日

私は二十一歳の者ですが、身の丈五尺*ようやくの小男のために、常に悶えております。このせいで学問する気にもなりません。いかなる方法をとったら、人並みの身の丈を得られましょうか。何とぞご教示ください。

（神田K生）

▼お答え　小男だとて、身体さえ健康ならば、何も悲観したり煩悶したりすることはありますまい。古来、小男で偉大な事業をなし遂げた人や、学問芸術に秀でた人もたくさんありますから、特別に身の丈を高める方法を研究する必要はないではありませんか。もっとも、軍人などという、ある一定の身長を要する職業に就かんとする者にはあなたのような煩悶が起こるのはやむを得ませんが、それなれば、断念するよりほかありません。

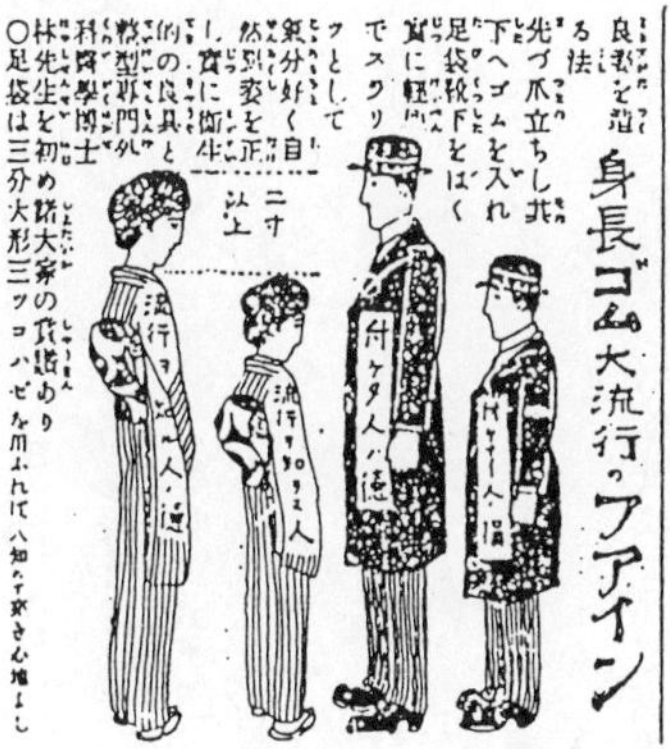

吉田戦車の愛読者ならすぐに「シークレット・シューズ」を思い出したことでしょう。しかし、見なさい、大正時代にも、素晴らしい発明があったのだ（上に掲げた広告を参照のこと）。その名も身長ゴム。足袋や靴下の中に入れて用いるから、よその家を訪問する時やお座敷に上がる会食時も安心。誰にも気づかれずに背が高くなる。「神田K生」さん、これで学問もはかどるよ。

*「五尺」は約一五一・五センチです。

親友の妹に振りまわされて

イヤイヤ交際シタダケト告ゲラレテ……

大正四年（一九一五年）十月八日

私は、某大学在学中の青年です。二、三年前から郷里の親友の妹を恋していました。苦悶のあまり親友に打ち明け、ついに二人は甘き恋に酔う人となったのです。

以来、私は片恋の憂悶がなくなり学問にいそしむことができました。

彼女が病床の折も、試験期にもかかわらず、また無神論者でありながらもお百度を踏んで全快を祈りました。六月末には、帰省の道すがら親友方を訪ね、ほぼ全快した彼女を慰謝して別れました。

ところが間もなく、親友からの手紙によって、意外にも彼女は私を真から愛しているのでなく、ただ兄の紹介でいやいやながら交際を続けている、だから今後手紙の取り次ぎはいっさいお断りする、というのです。

彼女の手紙や態度から推察して私を愛していると堅く信じていますので、何度も親友に仲介を頼みました。が、その都度ひどく断られ、今は文通もできず、懊悩のうち通学も怠りがちに日を送っています。

（本郷ＳＯ生）

▼お答え　青年時代、誰しも一度は経験する煩悶ですから無理からぬことですが、あまりに

女々しいお心です。

少し男らしく快活にその友人に真情を吐露し、直接真意を知り、もし真実の愛がない浮薄な女ならきっぱりと断念するのがよろしい。

今のあなたには修養が肝心です。

こんな問題に悩んでいるのは愚の至りでしょう。

ああなんて初心《うぶ》で鈍感な青年！　文通の折は恋に恋した女が、久しぶりに当人と顔を合わせて幻滅しただけのことではないですか。親友が妹の恋路を邪魔しているとも思えない。早くあきらめなさい。

不良少女の誘惑

裸体写真ヲ寄コスナド翻弄サレテ受験ニ失敗

大正十一年（一九二二年）四月九日

私は今春、大阪の某商業学校を卒業した十八歳の青年ですが、進学に失敗し、落第の憂き目を味わった者です。もとより、自分の不注意に起因するのは言うまでもありませんが、実をいうと、私を不勉強にさせた事情もいろいろあるのです。

恥をしのんでその事情を申しあげましょう。

私の家は大阪の郊外にあって、自分から申すのもチト変ですけれど、相当名のある資産家であります。

近来、家の近所は新開地となり、新しい家がめっきり増加しました。そしてどこの新開地にも見受けられるように、不良少年少女が跋扈《ばっこ》してしきりと不埒《ふらち》な所業を働くようになりました。

彼らは私の家が裕福なのに目をつけ、あらゆる巧妙な手段を弄して私を誘いました。

最初は私の家庭の厳格な監視のために容易に近づき得ませんでしたが、私が三年生の頃から、とうとう不良少女の術中に陥り、純な心をさんざさいなまれました。ある時は露骨に愛を迫り、はなはだしい時は自分の裸体写真を寄こして、私の心を動かしました。彼女らの大胆な行為は、実に言うにしのびない、恐ろしいものがあります。

しかし、私は五年生の秋に、だんぜん自己の非を悟り、自責の念を強め、できるだけ彼女たちから遠ざかりました。しかし、ついに思うように勉強もできず、かろうじて卒業だけはしたものの、進学できないことを悲しんでいます。

しかるに彼女らは、依然私につきまとって苦肉策を講じてやみません。それで私はやむを得ず、市内に下宿生活をして来年まで受験準備をしたい、と父に申し出ますと、父は「意志薄弱な汝が単独生活をするのは、ますます堕落するばかりだ」と言って賛成してくれません。

家にいれば前述のごとく、巧妙な誘惑に、強い決心もゆるみます。

どうか、悩める私に光明を与えてください。（大阪の一青年）

▼お答え　若いあなたが小さな胸をひとりで苦しめているよりも、ありのままを父兄に打ち明けて、相当の善後策を講じてもらうのがよろしいと思います。

このような問題はあなたひとりの問題ではなく、一地方全体の風教に関する問題ですから、父兄からその筋に取り締まりを申請するなり、ご近所の有志とともにかかる不良分子に対し撲滅策を講じるなり、とにかく上の人にご相談なさるほかありません。

あなただけが、安全を期するため実家から離れるなどというのは、消極的で姑息な策です。

驚くなかれ、大正時代にすでに〝不良少女〟なるものが存在したのであった。アダルトビデオどころか日活ロマンポルノもまだまだ、なにしろ日本映画にキス・シーンが登場したのは一九五〇（昭和二十五）年だから、大正の青年たちがどんなに初心《うぶ》だったか、想像もつくだろう。裸体写真なんか見せられた日には、頭の中がまっしろにスパークしちゃったと思うよ。

唯心的に見れば……

魚鳥ヲ食イ牛馬ヲ使役スルコトニ煩悶スル青年

大正四年（一九一五年）一月十九日

私は、仁とか博愛とか慈悲とかいう宗教的観念に捕らわれているのでもないのですが、しかし、この宇宙を*唯心的に解そうとすると、自然、魚鳥を食い牛馬を使役することに、大いなる矛盾を見つけます。

この疑問に少なからず煩悶しています。明快なるご教示を願います。　（煩悶生）

▼**お答え**　宇宙を唯心的に見れば、魚鳥だけでなく草木にもまた心があるのですから、野菜を食うことも残酷な業だといえます。そうすると、飢えて死ぬほかしかたがありますまい。それゆえに唯心的宇宙観も、そう神経質になってはおしまいです。万象は、互いに犠牲的生涯を送るところに大いなる意義があるのではないでしょうか。

魚鳥も牛馬も草木も、人間の犠牲になって、宇宙の最高目的を実現するためのいくらかの手段となれば満足だろうと思います。

しかし、人間がこれらのものに対するときは、できるだけ慈悲の心を持つべきだと思います。

若い時は、とかく理詰めで物を考えては、身動きが取れなくなってしまうものらしい。〝唯心的に〟なんて難しい言葉を使っちゃったりするのも若い証拠（「唯心的」*……物質主義への反発から精神的なものを尊ぶ考え方）。現代の若者も〝エコロジー〟や〝地球環境〟に敏感だ。若いうちからなあなあの大人の真似はしないほうがいいけど、一人で考え込むより、記者様のような柔軟な大人に相談するほうがいいよね。

センチメンタリズムは
ほんとに好ましくないものです。
これは何時まで経っても
人を深みに徹底させません。

広津和郎『相馬御風氏の「還元録」を評す』——大正五年

其ノ五

進路ヲ決メルニアタッテノ混迷

文学の道をあきらめられず

親ノ望ム空虚ナ生活ハ耐エラレナイ　大正三年（一九一四年）八月十四日

私は十八歳の青年です。郷里の中学を修了したとき母が死に、父は事業に失敗、次々と不運が続いて、ついに学校も退学する始末となり、昨年、神戸の電信技術生養成所に入りました。

父は郷里の市役所で働きながら、妹と寂しく暮らしています。兄は成功を夢見つつ、反対する父のもとを離れて上京し、目下某校に籍を置いて苦学をしています。

父は私に、勉強して東京の逓信社に入れと申しますが、私は小学時代から文学が好きで、この頃は日増しに熱が高まるばかりです。

執務中でも文学のことを思うと上の空になるので、上官からは怠け者のように取り扱われています。

私はけっして、文学が楽なものとも、それで虚名を馳せたいとも思いませんが、もしこの道に行かれないなら、真実空虚な生活をしなければなりません。

といって父の望みに添わなければどんなに失望させるかわからず、はたしてどの道を行けばいいのでしょうか。

（神戸煩悶生）

▼**お答え**　日本には文学で飯を食う人が多くて困ります。

外国ではよほど有名な文学者でも、ほかの職業で生活して、その余暇に執筆をして、立派な作品を出している人が多いのです。

あなたも文学で飯を食おうとする考えはやめて、やはり電信技師として、生活なさるほうがよいと思います。文学が好きならその余暇におやりなさい。

仕事はお金のためと割り切って働く人もいるけれど、そんなに器用じゃない人は、とりあえず好きな道で身を立てるために頑張ってみるべきだ。それで才能がないとわかったら、できることを探せばいいじゃん。

養子に行けと手相に出たが

成功ノタメニハ行クベキカ行カヌベキカ迷ウ男

大正六年（一九一七年）六月十二日

私は、二十六歳になる商店の店員です。十三年前に今の店に雇われ、二年ほど前より三カ所から「養子に」と申し込まれていました。が、私は小さい店でも独立してやってゆきたいと考えて、養子の口は皆断ってしまいました。すると、この頃になって友人などは、しきりと私に養子に行くことを勧めます。ある人は私の手相を見て「君はよそへ養子に行かなければ成功しない」と言いました。実際、手相というものが人間の運命を左右するのでしょうか。愚かなことのようですが、迷っています。

（愚か者）

▼**お答え**　あなたは、手相に迷っているのではなくて、養子に行こうかどうしようかと迷っているのでしょう。

小さな店でも独立してと思うのなら、その気になって辛抱なさい。あなたの年頃で養子に行こうかどうしようかと迷うようでは、先が思いやられます。だから手相にも迷わされるのでしょう。

まず養子には行かぬことに決めてしまったら、迷わないですみましょう。小さい商店からでも成功はできると思って、精出してお働きなさい。

たしかにこの方は、手相の当否ではなく養子問題について迷っておられるのでしょう。自分で判断できない時は、思いきって占いを信じるという手もありますけどね。馬鹿の考え、休むに似たりと申しますから。ところで手相は生涯不変ではなく、日々変化するらしいですよ。

女飛行家になりたい

母ニ反対サレテ、イッソ家出ヲシヨウカト

大正十一年（一九二二年）九月二十八日

私は十七歳の少女です。父は十二の年に亡くなり、義兄の手前、尋常を卒業しただけで今はある会社に勤めておりますが、私は飛行家になりたくってしかたありません。お母さんにも願ってみましたが、笑って取りあげてくださいません。ならせたくても、学資の出所もないから、あきらめろと言われます。けれども私はどうしても思い切れません。いっそ無断で家を出て東京に行き、どこかでご奉公をしながら、勉強して、自分の思いを遂げたいと思います。この先どうすればよいでしょうか。どうぞ教えてくださいまし。

（神戸一女）

▼お答え　どうして、そんなに飛行家になりたいのですか。事務員より見た目が派手だから？　まさかそんな浮わついた考えではありますまいね。だが、反省してご覧なさい。お母さんが取りあげないのも無理はないと思います。家出など絶対にいけません。男でも女でも、都会で食っていくということは大事業なんです。よく地方から上京してくる若い男女がありますが、もし、どん底に落ちずにいる者があれば、それはよほどの例外でしょう。『出世物語』とか『成功美譚』など、たいがい過去の話か空想です。今の時代、そんなうまい話はまずどこにも転がっていません。くだらない考えに毒されないように、くれぐれもご注意申します。

ライト兄弟が飛行に成功したのが一九〇三（明治三十六）年。わずか二十年足らずで極東の日本にもこんな勇敢な女の子がいたわけだ。この子もやっぱり普通のお母さんになってしまったんだろうか。

童貞の優しい声は声楽家向き？

大正十年（一九二一年）十二月十八日

今カラ先生ニツイテ勉強シタイ

私は二十一歳の青年で、今から声楽家となるべく勉強したいのです。

私は酒もたばこも口にせず、それに童貞です。そのためか、子供子供した声が出ます。どうでしょうか。声楽家としてものになるでしょうか。ものになると仮定して、親切な音楽家のお世話を受けたいのですが、どなたか適当な方はございませんか。女中代わりでも、ある程度は務めます。専制の暴君でも、親切に指導していただければ辛抱する覚悟です。給料はもとよりいりません。朝刊を配達する時間さえくださったらけっこうです。

高等小学校卒業後、私立中学で二年学んだだけで、もちろん素養の足りないことも知っていますが、できるかぎり勉強いたします。どうか私に、よい先生をご推薦ください。

（田舎の一青年）

▼**お答え**　あなたに声楽家の素養があるかどうかは判断できませんので、ご希望に賛意を表するとも、否むともできませんが、単に美声を唯一の頼みに声楽家になろうとするのはいささか軽挙ではありませんか。いちおうご熟慮なさい。しかしご推薦し得る先生が見つかったら、紹介の労をとることはけっして厭いません。

童貞であることと声の質の関係はいっこうにわからないけれど、この方は多少性格上に問題があると思われる。謙遜しているようでいて、相当に押しつけがましく、要求ははなはだ多く（このたたみかけるような記述をごらん）、結果的にひどくあつかましい。記者様は努めて丁寧な回答をしているが、内心あきれているのがわかるではないか。

何に向いているかわからない

職業ヲ決メルタメニ自分ヲ知リタイ

大正七年（一九一八年）六月二日

私は目下、ある労働のかたわら市内の某夜学校に籍を置く、二十歳の青年です。

近頃になって、自分自身の性質について非常に煩悶しています。

私は家がことのほか貧困だったため、義務教育さえ受けることができず、お話にならない放浪生活のうちに、今までめちゃくちゃな苦学を続けてきました。

四、五年前まではただ学問さえすれば、二十歳くらいで、自分の性質や社会というものもいくらかわかってくるものと思っていました。しかし、前に申した通り、衣食に追われる境遇のこととて、徴兵年齢になってもいっこうに自分自身を知ることができず、将来についても何ら方針というものが定まりません。

かえって低級貧弱な拾い読みの知識があるため、一知半解の頭でやたらに書物を耽読した結果、頭脳はますます不透明かつ混沌としてきて、近頃はまるで五里霧中を彷徨しているような始末です。いつまでも続かないあたら青春を、何の希望もなく暮らすことはまことに耐えられないことです。

仕事を定めるためにぜひとも私自身の長所短所をつまびらかにし、それに適した方面で社会に貢献したいと思いますが、こうなるとすぐまた自分自身の姿について迷わなければなりません。まことにお恥ずかしいことでございますが、どうしたら、自らこれを明瞭に知ることができるでしょうか。

（巣鴨山本生）

▼お答え 義務教育もろくろく受けない身で、これほどの手紙が書けるまで自分を築いてこられたあなたは、実に見あげた方だと思います。

しかし、十年や二十年の努力で、自分の本当の姿を見ることはかなりの天才でない以上、難しいと思われます。昔の偉い学者でも、一生かかってもはたせなかった方もあります。したがって、そう急速に目的を遂げようとすることは、非常に無理をすることになります。

実際、自分はこの仕事をしようと思っていた人でも、その生涯を通じてみると、案外変わっていってるのを見受けます。したがって、仕事の形式なんかたいして重きを置くべきものではなく、むしろ手近なところから、何でも仕事をこなす態度であってほしいと思います。

次に自分の長所短所を見極めることについてですが、これは内省分析だけでは十分ではありません。単なる物質なら知らず、少なくとも精神上の事柄は、分析だけで十分につかみきることはできません。なぜなら、我々の精神は固定しているものではなく、刻々に湧き出る泉のようなものだからです。

換言すれば、何をしようかでなく、何でもしてみることです。すると、そこに自分の短所も見えようし、長所も見えましょう。

自分はどういう人間で、何のためにこの世に生まれたのか。どんな仕事が向いていて、何をすれば社会に貢献できるのか。ただ家業を継ぎ、誰もが親と同じような人生を歩んだ近世においてこのような問いかけはありえなかった。誰もが少なくとも名目上は平等であり、努力すれば好きな職業につける自由な時代だからこそ、改めて一人一人が考えなくてはならないのだ。記者様の回答は現代人の道標でもある。

二度も遅刻して入試に失敗

師範学校ニ行ケズ郵便局勤メ

大正七年（一九一八年）六月二日

私は、県立師範学校に入学したいと試験を受けに行ったのですが、二度とも遅刻し、今は三等郵便局に勤めて寂しく事務を執っています。

師範学校から高等師範学校に進みたいと思って勉強しているのですが、もう十九歳になりました。二十歳にもなって師範学校に入学した例があるでしょうか。しかたがなければ初めの目的は中止し、東京へ出て苦労したいと思うのです。私はことに文学を好みます。

（南国煩悶男）

▼**お答え**　大切な一生の門出に、一度ならず二度までも遅刻するような不規律千万なことでは、あなたの将来が案じられます。地方出張の汽車に時間通り乗れなかったのが不心得だと、免職になった会社員の実例が東京にありました。汽車の時間さえそれです。一生を決める大事な大事な試験に二度も遅刻するということは常人の想像も及ばないことです。

師範学校は、本科第一部の男生徒は満十五歳以上、同第二部の男生徒は満十七歳以上という規定で、年長の制限はありません。

それより、また入学試験に遅刻しない心がけが肝心です。一事が万事、そういうゆるんだ心では、何を志しても成功がおぼつかないと思われます。

ヒトのココロとカラダは、時に正反対の反応をすることがある。「南国煩悶男」さんのココロは進学を望んでいるのだけれど、カラダはそれを二度も拒否している。これは単なる不心得とは違うんじゃないだろうか。そしてこんな時、ココロよりもカラダの方が正しい方向性を示すことが多いのだ。カラダの声をよく聞いてあげないとね。

力のある人は、
いつも「にもかかわらず」という境遇にあって、
自分をしっかりといかしゆくのです。

山本有三『創作で立とうとする人々に』——大正十四年

其ノ六

縁談、結婚ニ関スル逡巡

上司の娘か下宿の娘か

大正五年（一九一六年）六月二十日

前途有望ナル官吏ノ悩ミ

私は某官庁に奉職している二十三歳の青年で、下宿生活をしています。その宿の娘が、日頃何くれとなく親切にしてくれ、またその親たちからも常々そんな心持ちを示されましたので、未来の妻はこの娘のほかにはないと思っています。そして先方でも未来の夫は私と定めて、方々から申し込んで来る縁談も皆断っているとのこと。

ところがここに困ったことには、私の奉職している官庁の長官が、私を有為な青年と認めたと見え、人を介して私の両親に娘をやりたい、と再三申し込んできました。両親は、私がもう大官になる保証でも得たように喜んで、ぜひ結婚せよと申してきました。両親は名利に重きを置いているのですが、私はそんなことは大嫌いですから、こちらに最良の候補があるからだんぜん断る、と言ってやりました。が、頑として聞いてくれません。人の言うところによると、長官の娘は性質もあまりよくないとのこと。これだけでもいやなのに、私はこれまで親切にしてくれた宿の娘を見捨てることは良心が許しません。

けれど、親の命に背けば不孝になります。どうしたらよいでしょうか。ただしお断りしておきますが、宿の娘とは不義理な関係は少しもありません。

（煩悶生）

▼お答え　あなたの言うことに一点の偽りも誇張もないならば、何も問題にする必要はない

ほど、あなたの言うところはもっともです。けれども、親たちは名利に重きを置いているが、自分はそんなこと大嫌いだ、というところにあなたの本心が本当にあるのですか。この点はよく考え直してみなければいけません。

一方は始終傍らにいて親しみがあるからいいように言い、一方は人のうわさに聞いただけでよくないように思うならば、それももっと念を入れて詮議してみる必要がありましょう。

親の命に背くのはいかにも不孝に違いありませんが、しかし、一日の不孝が長い間の孝行になって前の不孝を償うことができるのならば、いたずらに従うよりかえって孝行になります。親の命令だからといって何でも従ったがために、長い間一家の平和が保たれぬような結果になったのでは、かえって不孝になります。とにかく一家は夫婦の和合が一大事ですから、それが保たれるかどうかを第一、その他を従属条件として考えるべきであります。

以上のことは、すべてあなたの言葉をそのまま解して言っているのですから、もし、そこに掛け値があったり偽りがあったりすれば、当然当てはまらないことになります。どうも記者にはあなたの言うところがまったく真実であるとは思われず、こう言い添えておきます。

記者様はスルドイ。この方は自分では否定しつつも、長官の娘との結婚――出世街道コースにいたく心を動かされているようだ。しかしホイホイ飛びつくには良心がありすぎた。そこで、本意ではないがやむなく、の形で前の娘を捨てたい。それが正しいと誰かに言ってほしい。面白いことに、相談をもちかける人の大半は、すでに自分で答えを出していたりするのだ。

顔は醜いが心の美しい女

誰ヨリモ健気ナソノ娘ト結婚シタイ

年月日不詳

私は今、結婚問題で迷っています。候補者は、義姉の妹と会社の支配人の娘で両人とも欠点は少ないのです。が、実は私の心はほかの婦人にあります。その人は、以前兄の医院の看護婦でした。顔は醜い上、貧困や病に苦しむ一家のため終生独身のつもりで看護婦になったのです。過酷な義姉のもとでつらい思いをしていたので私が同情し、かばってやったのを感謝し、ほかの看護婦と連名で手紙を寄こしなどしました。その後私が病で危篤のときも、献身的に看護してくれました。彼女は容姿がよくないのに似ず、順良温雅、世にも珍しい精神をもっているのです。私は彼女を妹としてできるだけ助力したいと兄に相談すると、世の誤解を招くことはならぬとのことでした。しかし私は、その後結婚問題が起こるたび彼女を候補者に加えるようになったのです。彼女に話せばもちろん快諾します。

しかし彼女と結婚すれば、四年間の清き交際がその目的のためかと人から見られます。人生の大事にそんな小事に拘泥することは男子の恥と思えど、どう処置したらよいか迷います。

（大阪購読者）

▼お答え　感心しました。やはりその方と結婚するのがいちばんよいと思います。人がどう

思うともあなたにやましいところがなければ、心配するに及びません。

――真面目な好青年であるが、ちょっと傲慢じゃないでしょうか。私がその看護婦で、もしこの紙面を見たとしたら、嬉しいというより傷ついちゃうけどなあ。

彼がいいが貧乏はいや

ホカノ人ト結婚スルノモ躊躇スル二十五歳

大正五年（一九一六年）三月二十八日

私は二十五歳の女です。四年前から忘れ得ぬ人があって、陰ながらその人の成功を祈っていました。当時、彼は下級官吏でしたが、某会社に栄転し、私の父母も結婚を許してくれました。

けれども最近になって、父母は異議を唱えます。いろいろ申してみましたが聞いてくれず、これ以上は女の身として申し出ることはできません。

以前彼に「私のような者でももらってくだされば、いつまでも待っています」と申しました。一度人を恋した者が、他家に縁づくのは不純だと思いますが、父母はしきりにほかへ嫁ぐことを勧めます。

父母に背いて嫁ぎ、後に捨てられて貧乏するなら、今のうちにゆくのをやめようと思います。どうしたものでしょうか。彼の心は少しもわかりません。

（罪の子）

▼**お答え**　あなたには、あくまでもその人に添い遂げるという熱心さがないようです。わずかな未練と心のとがめだけで、去就を決めかねている気がします。捨てられるかもしれないから、今のうちにやめてしまうというくらい、その人を信じられず利害の念がはさめる愛なら、あなたの意志をなくしてしまって、親の言うことに従って自分を処理したほうが安全でしょう。

——なかなかちゃっかりした正直なお嬢さんだ。記者様はあきれておられるが、でも、今の女の子も本音はこんなもんですって。

恋人の心変わりが心配

七年モ外国へ行ク人ヲ待ツベキカ?

大正五年（一九一六年）三月七日

申しあげるのもお恥ずかしいのですが、十九の春、家の不幸によって、心ならずも不倫の淵に身を沈めて以来、今日に至るまで三年の月日を涙に暮らしている薄命な者です。

そんな私のような汚れた女にもかかわらず、真から愛してくれるひとりの大学生があります。私もほかに頼りにする人もありませんから、この方のためには命も身体も捨てることは厭わない決心です。

その人は、卒業後すぐに洋行して七年間遊学し、帰国の暁に晴れて私を妻にしてくださると言うのです。もしほんとうにこの方が妻にしてくださるならば、たとえ九年でも十年でも待っている覚悟ですが、長い年月の間には、その人の心が変わりはしないでしょうか。私を見捨てることはないでしょうか。七年後の私の、心や顔を愛してくださるでしょうか。

もし、そのときになって捨てられるようなことでもあったら、私はまったく立つ瀬がありません。

もし見捨てられるようなら、今のうちにきっぱり縁を断ち、また良縁でもあるように神に願いをかけます。

待っているほうが幸福でしょうか。それともきっぱり縁を切ったほうがよいでしょうか。

（無名女）

▼お答え　神様でも占い師でもないから、あなたの運命が記者に予知されるはずもありませんが、愛情というものをそう勘定ずくめにはしたくないものだと思います。

といって、七年後に見捨てられたらまったく立つ瀬もないでしょうけれど、人が人を本当に愛する場合に、自分の利益などはあまり気にならないものだと思います。

しかし、あなたがそんな風に迷っているのが事実である以上は、やはり何とか決めねばなりますまい。それには、あなたがどのくらいその人を愛しているかが問題です。先が心配だからといって今思い切られるようならば、そして、七年の間、あくまでその人を信ずることができないようならば、それはいっそ今のうちに縁を切ったほうがよいと思われます。また、先方が立派になればなるほど、今のあなたは釣り合わぬことになって、たとえそのときは見捨てられなかったとしても、やがて悲劇を生じないともかぎりません。自分の立場がなくなることが心配なのはもっともですが、その人が、はたして自分との結婚によって、幸福になり得るかどうかということも、十分考えてみなければなりません。

たしかに計算ずくで人を愛せるものでもないが、この人の心配もよくわかりますね。もちろん相手の青年は誠意で七年待てば妻にすると言っているのだ。でも、後ろ盾も手に職もない女にそれを強いるなんて、想像力がなさすぎる。あまり現実的とはいえない。同様に七年後の自分の状況や気持ちについても深く考えているとは思えない。純情熱血型だけに現地で大恋愛に落ちるかも。やめといた方がいいんでない？

養子をいやがる婚約者

大正四年（一九一五年）九月二十七日

弟ノ急死ニヨリ跡継ギニナッタ娘

私は二十四歳の予備将校の娘ですが、幼少の頃、ある同級生の親と両親の間で結婚の約束がありました。私は時期が来るのを待って家事を見習い、彼も質屋に奉公していました。

そしてこの十二月には式を挙げるはずのところ、ひとりしかいない私の弟が病死し私は養子をとらねばならぬ身となりました。けれど彼は養子はいやだと言います。私は数年間互いに深く思ってきた間ゆえ、いまさら他人と夫婦になる気はなく、親族は私らの子に実家を継がせろと言いますが、父は頑として許しません。

それで、毎日いろいろと煩悶を重ねています。私はどうすればよろしいでしょうか。

（煩悶せる女）

▼お答え　その方に養子に来てもらうのがいちばんです。もっと、あなたから頼んでご覧なさい。姓が変わるのをいやがるのは青年にはよくあることですが、実は何でもないことなのです。よくそのわけを説明して、それでわからないならもう少し時期を延ばしなさい。

時がたてばその方が折れて出るか、あるいはあなたの父上が折れて出るでしょう。もちろんあなたとしては、その方以外には結婚せぬ覚悟が必要です。

これはとても今日的な問題だ。しかも現代では、結婚後も仕事を続ける女性が増えているので、男性ばかりでなく女性も名字が変わるのは不都合なのだ。先日も、新聞に、職場では旧姓のまま通そうとしたら、会社の総務が認めてくれないと憤慨する女性の投書が掲載されていた。結婚はプライベートなことなのに、仕事上だけの関係者にいちいちそれを告知するのは面倒だ。いっそ姓は廃止にしてしまえばいいのにね。

理想に合わない許婚

十年モ待タセテ今サラ破約デキズ……

大正三年（一九一四年）十二月三日

私は高等教育を受けている二十歳の青年ですが、十二歳のときに親が選んだ許婚があります。しかし今になって私が直接先方を調べてみたところ、私の理想には適わないのです。そうかといって先方は今日まで約十年間、もっぱら私を待っているばかりでなく、両家は以来親戚として親しく交際しているのです。私の心を親に打ち明けてみたところ、これといって欠点もないのに今さら破約するというのは人情に反する、が、しかし自分の心にまかせたほうがよかろう、と申してくれました。実際、自分も今思案に暮れています。（K・S）

▼お答え　あなたは「理想に適わない」と言いますが、あなたの理想じたいが怪しいもので

はないですか。

二十歳くらいの青年の理想は、すこぶる空漠としたもので、三十以上になって考えてみると、おかしく感じることは誰でも経験するところです。

むろん、許婚とはあまりよくない習慣ですけれども、一概にあなたの理想に適わないからといって破約するのはよくありません。

本人の意志と関係のない婚約はあまりよくない習慣だけれど、二十歳ぐらいの青年の理想はすこぶる空漠たるものなのだから、それを理由に破約するのも考えものだとする記者様の回答はすこぶる妥当なものと思える。理想がどうのこうのと青くさいことを言っているうちは結婚なんかしたくないってことだ。昔からの友だちを見たらわかるけど、みんなかつての理想とはかけはなれた結婚相手に満足してるもんね。

慕ってくる少女を裏切れない

自分ヲ犠牲ニシテモ少女ヲ救ウベキカ？

大正五年（一九一六年）十月二十一日

私は、ある官立学校に籍を置いている二十五歳の青年です。

四、五年前、故郷の中学を卒業する間際に、その学校の教師の令嬢と知り合いになり、彼女の母親の許しを受けて兄妹のような交わりを続けてきました。

こうした交わりを続けているのは危険だと気づいたときには、悲しいかな、私たちは義理と人情にからまって、にわかに絶ちがたい親しい仲となっていました。この頃になってその女から「結婚することはできないものか、はっきりと返事をしてくれ」と言ってきました。

私としては、この結婚は恐らく周囲の不服があってできないものだと思っています。それに、令嬢の性格も私の家には不適当だということも気づいています。もし断るとすると、私は四年来妹のようにしてきた少女に対し、精神的に殺人をしなければなりません。

しかし少女を助けるとすると、恩義ある人たちに背かなくてはなりません。身を犠牲にして少女を助けるか、義理と人情を捨てて恩義ある人々を安心させるべきか、私のとるべき道を教えてください。

なお、私たちは断じて不純な交わりはなかったことを申し添えます。　（紫紅生）

▼お答え　結婚にあたっては、さまざまなことを考慮しなければなりませんが、第一に考えるべきは愛の有無です。

ここで注意することは、憐れみ、または同情は一時的なもので、相手の境遇が良くなれば失せていく性質のものだということです。

あなたの場合にしても、二人の性格は合わないと知りつつも、断ってはかわいそうだからと悩んでいます。

愛が足りず、性格が合わないとわかっている以上、結婚したからといって幸福になれないのは決まっているではありませんか。あなたが幸福でなかったら、相手の方も幸福じゃないでしょう。

ですから、一時の気の毒な感情くらいはしのんで、だんぜん断ってしまったほうが二人の生涯を幸福にすると思われます。この際、あなたは迷うべきではありません。小さな憐れみを捨てるのが、大きな愛をなすのです。

今どきこれほど犠牲心に満ちた青年はもういないかもしれないけれど、同情と愛情を取り違える現代人はけっこういる。自己愛と愛の区別がつかない人もいる。結局、愛の問題なんて今も昔も変わらないってことだろう。でも、記者様の確信に満ちた回答は読む者に勇気を与えてくれる。相手を幸福にしようと思ったら、まず自分が幸福にならないといけないんだよね。「紫紅生」さんはこれを読んできっと救われただろうね。

二人の女と婚約してしまい……

軽ハズミヲ後悔シテイル二十歳ノ青年

大正十年（一九二一年）十二月六日

私は二十歳の青年ですが、十八歳の春、お恥ずかしいことですが同じ会社に勤めている一

お悩み

少女と、前後の考えもなく未来を約束しました。

ところが去年の暮れ、私はその会社を辞して自炊生活に入り、今までの精神労働を一変して、筋骨労働者となりました。

会社を出るとき、その女の両親から結婚を強要されましたが、私は兵役[*1]がすめば結婚するからと、一時的な口実を設けて急場を逃れたのです。

その後一年間、すべてを忘れて真面目に労働しているうち、一カ月あまり前のこと、土地の素封家[*2]の娘から純真な愛を打ち明けられました。実は、私もその娘を慕っていたのです。すると数日前、娘の親族が仲人として、正式に結婚を申し込んできました。私はむろん二つ返事でこれを諾し、婚姻の予約をして二人はその時機を待つことになったのです。

こんな次第で、私の至らなかったこととは言いながら、前者と関係を結んだ軽挙妄動に対し非常に後悔し、自分が犯した罪のために苦しんでいます。あとで知ったのですが、前者は正しくない心の持ち主でした。私は後者と結婚したいのです。素封家の娘だから、というような卑劣な考えからではございません。

資本家の横暴を快くは思っていないくらいですから……。

後者を破約すれば、彼女は終生孤独で暮らすと言っています。どうしたら二人に満足を与え、そして円満に解決することができましょうか。愚かな一青年にご教示ください。（修）

▼**お答え**　若気の無分別とは言いながら、あまりに無自覚なあなたの行為を悲しみます。し

かし、今さら何を言っても取り返しはつきませんから、前の女、及びその両親に謝罪をし、できるかぎりの誠意を事実で示して、破約を許してもらうよりほかしかたありますまい。

両者ともに満足を与えるなどということは、とうていできるものではありません。誠意を事実で示すとは、物質的にも精神的にも与えられるかぎりの慰謝方法を講じて、謝罪を表明することです。

この場合、罪の報いとして相当の苦痛をしのぶべきは当然のことでしょう。

「軽挙妄動に対し非常に後悔し」ていると言いながら、まだ「二人に満足を与え、そして円満に解決することができましょうか」などとうそぶいているこの男は何者？　その甘さがこのような事態を招いたというのに。後で前の女は正しくない心の所有者だと知ったなどと、もっともらしい理屈をつけようとしているのも情けない。悪い人じゃないんだが……。

*1「兵役」……大正七～十一年のシベリア出兵を指す。*2「素封家」…財産家のこと。

自由結婚なんていや

親ニ申シワケナク人様ニ笑ワレル……

大正十一年（一九二二年）九月七日

私は二十二歳のひとり娘ですが、二年前からある男と恋に落ち、離れがたい仲となりました。

私の家は、父は実の父ですけれど母は義理の母です。その母に、二人の結婚を許してもらうよういくら頼んでも許してくださいません。

男が言うのには、あと三年辛抱すれば、二十五歳になり*自由結婚ができるというのです。けれど私は、自由結婚をするのはいやなのです。やはり世間並みの結婚がしたい。そうしなければ親に申しわけが立たぬし、人からも笑われてしまいます。（埼玉）

▼お答え　自由結婚はいやで、昔からの「親の許した」結婚がしたいという、平凡なようでも今どきちょっと珍しいご相談です。

自由結婚をすれば親に申しわけがない、人にも笑われる、と非常に親孝行なお考えには敬服します。

が、親の許さぬ結婚を排斥するあなたが、親の許さぬ男をこしらえて離れがたい仲になるなんて、ちょっと信じられないことに思われます。それにしても、何でもかまわぬから人前だけは繕いたい、という思想はあまり感心しません。

あなたは、もっともっと一生懸命お母さんに願ってご覧なさい。そしてそれでも許しを得ないなら、今度は男を思い切りなさい。さもなければ、あなたの生きる道はちょっと見当らぬでしょう。

一　好きな人と結婚したいが、親に逆らうのはいやや。現代ではこれをダブル・バインド（二律背反）と言う。しかし記者様、最近の計算高い若者たちもやはり親の言うことをきかぬと損だと保守化しているようですよ。

＊「自由結婚」…旧制民法では男は満三十歳、女は満二十五歳になると父母の同意なしで結婚することができた。

親が勝手に結婚調査を

自分ノ目トドチラヲ信ジレバイイカ悩ム青年

大正十一年（一九二二年）五月十日

私は二十六歳の青年です。一年前から交際を続けている婦人がいますが、私の両親が調査したところによると、婦人には過去の品行上、非難すべきひとつの欠点があり、加えてその性質が多情だとのことです。

しかし、私の見るところとはよほど違っています。なるほど、過去には欠点があったかもしれませんが、今はまったく真面目で、少しも操行上に疑う余地はありません。この場合、調査によってのみ結婚を破談にするのはあまりに残酷と思いますが、やはり親たちの調査を信頼するほうが妥当でしょうか。

（M・O生）

▼**お答え**　当事者同士の観察は、往々にして誤りがちです。ことに恋愛関係にある男女の観察は当てになりません。

過去の欠点は過去に葬って、あえてとがめ立てるには及びませんけれど、性質を今少し、的確に調べる必要がありましょう。利害関係のない第三者、すなわち秘密探偵なり興信所なりに具体的な調査をお頼みになって、その結果から判断されることを望みます。

お気の毒に「M・O生」さん、すでにあなたの心には迷いが生じてしまいましたね。記者様の言われることはやはり現実だろう。恋愛関係にある男女相互の観察は当てにならない。つい最近も結婚調査の是非を問う記事が新聞の家庭欄を賑わしていた。でも、調査結果で安心しても幸福になれる保証はないし、未来はどうなるかを調査する方法はない。要するに、調査の結果によって迷うような相手とは結婚すべきじゃないよね。

合理的に結婚式をしたい

媒介人ナシノ結婚ハデキナイノカ?

大正六年（一九一七年）三月四日

私たちは、二年前から恋愛を続けてきた者です。日に日にお互いの愛が確実になってくると同時に、結婚を目的としない恋愛は罪悪なり、ということを痛切に感じてきました。

そこで熟考の上、相互の両親にいっさいのことを打ち明けて結婚の許しを請いました。ところが両親は、媒介人がないのと、相互の家があまりに遠方にあるからという理由で反対してしまいました。

しかし、私たちの人格や品性に対しては何も不足はなく、ただ私たちの企てたこの新しい結婚の方法について、不服を唱えているらしいのです。

旧思想に捕らわれている親たちの意見としては無理もないことですが、私たちの恋愛を以上の理由だけで永久に葬ってしまうことは、どうしてもできません。

二人は、どこまでも幸福な結合を望んでいるのですが、この場合、両親の安心できるもっとも円満な方法はありませんか。また媒介人のない結婚式はできないものでしょうか。


（某男女より）

▼お答え　お手紙によると、あなた方の新しい心持ちと、親御さん方の古い心持ちとが衝突しているのがよくわかります。
あなた方は愛と結婚ということは自身の権利で、ほかの干渉は受けるべきではないと思っています。が、結婚前の愛の存在を好まず、また結婚は大部分が親の意志ですべきものだと信じている親御さん方は、あなた方のその態度を快く思わないのだと思われます。

こうした思想の違いはちょっと見れば何でもないもののようですが、その実、案外根深いものです。しかし、若い者は、老いた古い者を退けていく態度をとらなくてはなりません。ただ、親御さん方の第一の条件になっている媒介人のない結婚はいけないというのは無理もないことですから、しかるべき媒介人を立て、その方から穏やかに親御さんを説いてもらうことだと思います。親御さんの心が解けたら、第二の反対条件などはそう深くは言わないことでしょう。

かくして無意味きわまりない結婚の諸手続きは平成の世にも持ち越されたのである。まったく、良識ある若いカップルが何組、この悪習に抵抗しようとしてむなしく闘ったことか。簡略化しようとすればするほど、事はますます面倒となる皮肉さ。そして結局、習慣どおりつつがなく済ませるのが一番ラクだと悟ることになるのである。いやはや。しかし、この時代にすでに良識ある二人がいた事実は喜ぶべきことだ。

娘の求婚者が醜いので断りたい

孫ガ容貌ヲ受ケ継イダラ困ルトイウ父母

大正六年（一九一七年）七月十八日

私のお友だちに、十四歳のお嬢さんのいる方がございます。ご両親はもちろん、周囲の人々の中で幸福にお育ちになったため、そのお嬢さんは至って優しいお心で、容貌もひときわ優れた美しい方です。

ところがそのお家へときどき遊びに来る某専門学校の学生が、そのお嬢さんを愛していることがわかりました。親御のほうではまだ年もゆかぬことだからと、そしらぬ顔をしておられたところ、今では青年の態度が熱狂に近いありさまで、親御のほうでもにわかに心配してどうしたらよいかと狼狽しておられます。
その青年は幼いときに両親を失い、親族の手で育ちました。多少ひがみ心もあり、万事感傷的で、物事に激しやすく、その上風采もすこぶるあがらないといった調子で、どうもそのお嬢さんとは釣り合わないようでございます。

青年からの申し込みも、お嬢さんの成人の上で同棲したいとのことですが、親御のほうではもしそれを許して、あの青年に似た孫が生まれては困ると、それぱかり心配しています。容姿より心とはいえ、今の世で女の子があまり醜いのも困るということです。*優生学のほうからはどんなものでしょうか。

両親は断わりたくってしかたがないのですが、もしや青年が自暴自棄にでもなると気の毒だと、思案にあまっておられますので、私から記者様にご判断をお願いするわけなのです。ちなみにその青年は、学力も品行も今のところ相当なものです。

（友を思う女）

▼お答え　何しろまだ本人の年が若いので、今すぐ決めるわけにはゆかぬと言っておいたらいいでしょう。何よりも当人同士の心持ちを主にすべき問題ですから。優生学云々のお話、いちおうごもっとものように聞こえますが、いささか口はばったい言い分ではないかと思います。優生学はまだそれほど根拠のある学問ではないのです。多少のひがみ心があるとか、容貌があがらないなどは問題になりません。一部の人々から、優生学には非人道的なところがあると非難されたこともありましたが、実際、こんな考えで結婚問題を進めてゆこうとす

る人たちに同情することはできません。

なぜなら万事の判断が皮相的で、人間の真の幸福を考えていないようだからです。その親御さんにしても、まだ苦労が足りないと思います。それほどいやなら、さっさと断わってしまったらどうですか。自暴自棄の何のと、思い過ごしではありませんか。絶望に陥るとしても、あなたたちには責任はありません。もしあるとするなら、こういう問題を決めるのに本人同士よりも、端の人々の勝手な意向によるところに責任があるのです。

最後に、往々にしてあなたのように他人のことを相談する方と、自分のことを他人ごとのようにして相談する方とありますが、こんな考え方がすでに間違っています。いくら他人が訴えたって端からは見えない問題があるのです。したがって多くはおせっかいに終わります。それから、自分のことなのに、他人事を装って相談する人は、心を丸出しにしない、すなわちどこかに無反省な欠陥があるように思われます。

あなたがそのいずれに属する人であるかは知りませんが、とにかく今少し正直に問題を考える人であってほしいことを、一言加えておきます。


一見上品そうな文面からチラチラ垣間見られるどうしようもないエゴイズムとお下劣な品性。日頃穏やかで優しい記者様が珍しく激昂されるのも当然でしょう。娘に罪はないけれど、こんな義理の母は持ちたくないもんだ。

「優生学」*とは、一八八五年にイギリスで生まれた良い遺伝形質だけを子孫に残そうと提唱する学問。

易者に相性が悪いと言われ……

ドウニカシテ相手ヲウマク断リタイ

大正八年（一九一九年）二月十一日

私は二十七歳で、この頃結婚話がありました。従妹にあたる女ですが、私はその女の親が快諾したら結婚しようと申しました。ところがある易者に私たちの結婚を占ってもらいますと、彼女は巳年、私は土星の巳年ゆえ相性が合わぬとのこと。もし結婚すれば病人が絶えないというのです。彼女は親の許しを得たと言ってきましたが、何とかうまく断わる方法はありませんか。私は易者の言葉を信じずにはいられません。

（S・T生）

▼お答え　源頼政が退治したのが「巳寅申」の怪物で、その怪物が平家没落の兆しだという伝説が昔からあるのです。それで巳寅申の年にあたる者が一家の中にいると、不幸が続くというようなことを申します。

そんな話を迷信だと笑う人はそれでよいし、迷信だと思わず、そういう伝説を恐がる人はそれを避けたらいいのです。あなたはすでに臆病風に吹かれてしまっているのですから、先方へも正直に話したほうがいいでしょう。そうすれば、きっと先方でも臆病風に取りつかれるでしょうから。

人は、何事かを始めたい時に誰かにポンッと肩をたたいて「大丈夫だからやってごらんなさい」と言ってほしくて、占い師の門をたたく。あるいは、何かをやめたい時、「何となく」ではうしろめたいから、ほかにちゃんとした理由を探したくて、「それは不吉だから」と専門家に言われると〝やっぱり〟と深く納得したりするのだ。優秀な占い師は、きっとその人が無意識にどうしたがっているかを見抜けるんだと思うよ。

恋愛結婚も出来ず、
父母のいい加減な選択で、
未知の男性の寝床へ放り込まれる
処女の身の上を思うと、
私はいつも憂鬱になる。

菊池寛『憂鬱な結婚』――大正十四年

其ノ七

結婚シナイカモシレナイ女ノ問題

女店主の憂い

スベテガ順調ナノニ不安ニナル二十五歳

大正六年（一九一七年）八月二十日

私は商業を営んでいる二十五歳の女ですが、弟、妹、小僧と四人で睦まじく暮らしています。小さい店ながらこれまで順調にやってきました。

ところが私は近頃、ある種の不安に襲われるようになり、時には、そのためにただ呆然としていることさえあります。

客の応接や、日常の用事などは何の苦しみもなくさっさと片付けていくことができますが、一度自分というものについて考えると、何ともいえぬ不安に駆られるのです。

……と申したばかりでは、記者様にはおわかりにならないかもしれませんが、何をしても何を言っても真実の心から発するのではなく、ほんの付け焼き刃に過ぎないように思われるのです。

人と真面目に対談しなければならないような場合になると、自分の心の底が見透かされるようで、何とかして避けずにはいられなくなります。

他人様からはかなり厚い信用も置かれ、家の者からも信頼されていながら、自分自身を信じられないのです。

じっさい私の真実の心は他人が思うような優れたものではなく、自分ではそれを努めて虚飾しているのではないかと思われて、何だか砂上に高楼を構えているような危なっかしい気持ちがします。

何とかしてこの不安な心の地盤を固めていきたいと思いますが、思うようにいきません。いろいろな書物も見て、身体も働かせていますが、やはり表面を飾るのに都合のよい智恵ばかりで、真実味がありません。

不幸にしてこの不安を打ち明けて意見を聞く人もなく、また、多少はこれまでの誇りを傷つけられるような気持ちになりますので、密かに悩んでいます。

願わくば、ひたすら真剣な心持ちになれる道をお教えください。（山の手の女）

▼**お答え**　親しくお目にかかってお話ししてみないとはっきりしたことは申せませんが、ひとつはあなたの健康について疑いをはさみたいのです。それはことによると、お年頃で独身でいること、しかも女性としては荷が勝ち過ぎるほどのご商売をやっていることから、健康に異状があるのではないでしょうか。

さらに、あなたはかなりの教養をもっている女性として、多くの文士思想家たちが触れるような、思想上の一種の疑惑を抱いていられるのではありますまいか。宇宙や人生の機微といった問題に。

もし、宇宙や人生についての疑事に触れていられるのなら、思想上の書物を読むなり、または知名の宗教家の門をたたいて教えを請うなり、尽くすべき道はありましょう。

が、これはかなり重大な、しかも容易に悟入し得るものではありませんから、あくまでも気分を押し鎮めて、静かに求めることが大切でしょう。

唐突だけど、真面目なエリートにSM愛好者が多いのは、人前ではなかなか馬鹿になれないから、極端な状況を設定して自己を解放させるためだろうと私は思う。この女性も、働き者で家族思いの自分がほとほといやになってしまったのだろう。別にSMプレイでなくてもいいから、何かすごく無意味で馬鹿げたことをやって、周りをあきれさせ、自分の評判から自由になれれば、きっと楽になれると思うなあ。

結婚をあきらめて借金返済

一家ノ救済ヲ使命ニ青春ヲ犠牲ニシタ娘　大正六年（一九一七年）十二月四日

私は、二十六歳になる農家の娘です。弟は中学四年に在学しています。今年は米価の騰貴で百姓は大助かりですが、なにしろ長い間の農村の疲弊は著しく、年ごとに高まる負債は私の心にいかに暗い影を添えたでしょうか。

ついに意を決し、たとえ独身の淋しさに涙しぐるる時はあろうとも、不安な一家の生活を少しでも安全に保つことは私の尊い使命であると思い、女学校を終えるや自ら進んで田舎の小学校に教鞭をとりました。八年間、それはそれは苦しい経験を経まして、喜ばしいことにはどうなりこうなり全部の借財を返却してしまいました。あこがれ多い若き日を、惜し気もなく家族の笑顔の犠牲にいたしまして、やっとこのほど一息ついた訳です。この頃では、家族に対する重荷のひとつを降ろしたような心持ちになりました。それにつきまして、親たちは一日も早くと私の縁談のためにあくせくしてくれますが、どうも思わしい口がございません。それに私はもう苦しい生活と戦ったためか、人妻にふさわしい常識と優しさを失った、いわゆるヒステリックな女となっています。したがって自分はともかく、男子の方に私のような女をめとらせて、一生を不幸に終わらせるにしのびません。ですから、適当な口がないのは神様が私の結婚をお望みにならないのだと思われます。

将来は、教職に従事するほか、キリスト教信者として、私より弱い人々の友となって一生を独身で終わろうと思います。が、これとて平凡な頭脳の私としては、決して平坦な道ではないでしょうし、多少思い惑わざるを得ません。運命は、神の与えたまうものでしょうか、それとも自分で開くものでしょうか。　（豊子）

▼お答え　何よりも、結婚なさることをおすすめいたします。身を卑下したような謙虚な申し分も、一応ごもっともなことながら、適当な縁を求めて結婚生活に入られたらどうでしょう。

そのヒステリックな気分の中から、まだまだかなり強い奮闘力も出てくれば、真の女らしい慎ましさ、優しさの気分も出てくることと思います。

運命については、人間がこれに責任を持たなくてよいのです。ただどこまでも人間自らの奮闘さえ続けていったらそれでいいのです。

当時二十六歳といえば、そろそろ婚期を逸しつつある歳。そして結婚をあきらめることは、こんなにも悲壮な覚悟がいることだったのだ。〝何となく気がつけば独身〟の現代に比べるとなんたる違い。そりゃまぁ親には毎日皮肉を言われ、「不倫の愛人でもいるんじゃないの」と他人から痛くもない腹を探られ、職場の居心地も悪くなったりはするけれど、でも現代独身女性は気楽でいいよね。

縁談を断った相手が忘れられず

大正四年（一九一五年）七月三十日

イッソ生涯処女ノママデ、ト悩ム女

私は、二十四歳になる女です。この春ある方から、かねてから尊敬している人に私をお世話してくださるというお話がありました。けれども当時ちょっとした曲折があり、私自身、嫁ぎたいなどと言い出すのはいかにもはしたないと感じられてお断りしてしまいました。が、愚かにもこの時から、私はその方を忘れ難くなってしまいました。友は妻となり母となっているこの歳まで恋など知らずに過ごしてまいりましたのに、昨今はその方ゆえに悶えております。

その方に嫁ぎたいのは最善最後の願いですが、どうしても口に出すことができません。婚期を逸した私を老親は心配し、いっときも早く結婚せよと焦っています。が、私はあくまでかなわぬ恋に泣く悲しい運命なのだと、処女で終わりたいと思いますが、いかがでしょうか。

(わくらは)

▼**お答え**　屈辱が伴うでしょうが、生涯の幸福には代えられません。先方がご結婚前ならば、お世話してくださる方に家の方なりを通じて、お話を盛り返してもらうように思いきってお願いなさい。

もし、ご結婚後ならばしかたありません。心の痛みを忘れるまで結婚は考えず、お働きに出たらいいでしょう。時がたてば感情も変わります。広い社会には、晩婚などというしがらみはありません。

小説や映画なら、ここで父親登場。「ねぇおまえ、何か悩み事があるのじゃないかね」「いいえお父さま、なんでもありませんわ」「嘘を言っても私の目はごまかせんよ。縁談をお断りしてから、おまえはふさぎっぱなしじゃないか。本当は○×君をお慕いしてるのだろう」(娘、顔をまっかにしてコクンとうなずく)「よし、あとは私に委せておき」(娘、父親に抱きつく)めでたし、めでたし。……とはいかないものだろうか。

結婚か勉学か

教師ノ道カ結婚カ……揺レル三十歳ノ女心

大正八年（一九一九年）四月二十八日

私は、この春遊学する弟を連れて上京した女です。弟の卒業までは三年もありますので、私もこの年限に卒業できる学校に入り、やがては世のために働きたいと思っていました。が、残念ながら入学できず、来年まで待つことにしました。友だちに話すと同情してくれて、来年まで待たず良縁があったら嫁入りしたほうが良いと申します。またその人の話によると、教員という仕事は苦しいものだとのことです。しかし私はもはや三十歳を越しておりますので、結婚の意志はありません。上京間際には二、三結婚の申し込みはありましたが、自分の目的を達したいばかりに皆お断りして上京したのです。このまま当地で来学期を待つ間に、何か他のお稽古事をするか、また一度帰郷して、来年また上京するかしたいと思っています。

（お願い女）

▼お答え　やはり結婚したほうがよいと思いますが、できない事情があればお勉強なさるがよいでしょう。しかし三十にもなっていたら、よくよく前途を考えるのが必要です。帰郷すべきかなど他人にはわかりません。自身でご判断なさらないといけません。よほど迷ってるのかと思いますが、よく心を鎮めて処置なさい。

「入学」を「転職」または「海外留学」に置き換えると、あら不思議、現代の三十歳前後の独身ＯＬの心境とまるで変わらない。そういえば私も三十一歳の時、何か地道に人の役に立った仕事をしたいと広告代理店を辞めたんだった。それが、今も相変わらずこうして訳のわからない仕事をしてるのだから困ったもんだ。それでも、会社を辞めてしばらくぶらぶらしながらなんとなくふんぎりがついた。そういうもんなのかもね。

女医として成功したが……

独身ノ職業婦人トシテ悲哀ヲ感ジテイル女

大正六年（一九一七年）七月十四日

私は三十歳を二つ三つ越した女医で、いわゆる職業婦人です。目下は独立して医院を開院し、かなりな生活を営んでおります。

これという不満もありませんが、時として何となしに一種の暗愁に駆られるのです。それは、これから追い追い寄る年波を、こんな独身姿で送っていくということから起こる悲哀であるように思われます。

身を粉にして働き、かつ勉強してきた今までも、本当の人間の幸福、ことに婦人の幸福とは、途方もないほど遠いもののように思われてなりません。

こんな考えに襲われている時は、たとえ患者が幾人押しかけていようとてんでかまう気になれない、懶惰《らんだ》なお医者様になります。これではいかん、自分の気がゆるんでいるからだ、と自ら励ましながら診察室へ下りて行きますが、ひと通り手術や診断をさっさと済ましてはみても、頭の中には依然としてゆるんだ気持ちがむずがゆいまで渦を巻いて流れています。こんなことが、開業してこのかた日増しに募ってまいります。

とはいえ、開業以来、一カ月ごとに私の生活は忙しくなり収支の数字も次第によい結果を示しています。私は、もちろん今後もこの職業を進めていこうとは思っているのですが、一面において前申しあげたようなゆるんだ気分が、今の生活の全部を否定しそうです。

人間生活の真実、ことに婦人としての生活味は、もっともっと平凡なところにあるのではなかろうか。自分の生活は人間の本質に逆行しつつあるのではあるまいか、とさえ考える場合があります。そんな時、とんでもない危機に自分が立っていることを思って、言い知れぬ不安に襲われます。

（一職業婦人）

▼お答え　あなたの触れている問題は、きわめて興味ある問題です。

今の婦人は、生活に肉薄したある一面において、実際あなたのおっしゃるような問題に痛切に触れつつあると思います。なすべきことをなしとげた後に起こる悲哀を、あなたは今感じておられるということ。それは、女医の試験に及第して、ともかく成功されているということからくる一種の暗愁ではありませんか。人生はこれに成功したら満足だというような単純なものではありません。さらにさらに、人は永遠に向上すべく、成功を望んで進まなければならぬものです。ですから、これ以上何を追求すべきかあなたの眼が醒めていないから、悲哀が心に食い込んでくるのではありませんか。

ただし、これは非常に進歩した人の心境に起こるもので、誰でもそうだとは言えません。もし、こんな心持ちに近いものがあなたの内に見出せたら、あなたはさらに何に成功すべきか、何を追求すべきかについてお考えなさい。

多くの場合において、あなたのような悲哀は独身婦人だという点からくる哀しみだと思います。これについては、女性の性情がどれほど職業と調和すべきかという問題に触れ、徹底的な婦人問題はこの先に成り立つものであります。

あなたがもし、どうしても耐えられないならば、適当な配偶者を求めて一時も早く結婚なさることです。いかなる職業といえども、それを続けることがその人にとって幸福でないならば、何も好んでやせ我慢を張ることはありません。仮に、実業家の細君になったために女医をやめなければならないのならば、おやめになってもよろしいのです。もしできるなら、職業上互いに交渉のある男子と結婚したら、いちばん苦労なしに解決がつくことでしょう。

しかし、職業婦人でさえこんな考えに襲われるということは、今日の日本の婦人はあまりに独立的な職業になることができなかったということです。あなたはすなわち、婦人の一大転機に遭遇している代表的婦人ですから、少なくとも、来るべき日本婦人の犠牲として今少し心持ちを緊張させていただきたく思います。これは一面無理な注文のようですが、深い人生観からはどうしてもそう強いなければならぬ問題のようにも思われます。

人が羨む成功者なのに、なんて正直に悩みを訴えているんだろう。エリート意識のかけらも、見栄もない。ただ寂しさだけがせつせつと伝わってくるだけだ。現代でさえ、「自分より頭のいい女や稼ぎの多い女は許せない」なんて平気で言う、料簡の狭い男が多いんだもん。大正時代の女医さんの孤独は推して知るべし。ああ、この女らしく素直な女医さんに「平凡」な幸せを与えてくれる男性が見つかりますように。

人生とは畢竟《ひつきよう》運命の玩具箱《おもちゃばこ》だ。
人間とはその玩具箱に投げ込まれた人形だ。

有島武郎『迷路』――大正七年

其ノ八

困ッタ夫ニ対スル妻ノ閉口

男はみんなこんなものか

大正四年（一九一五年）十月十日

身持チノ悪イ小学校長ノ夫

私は二十六歳の女で、七年前ある小学校長を養子にもらい分家しました。結婚当時、主人は三十一歳、私は十九歳で、何の考えもなく父母の言うままに結婚しました。

実際、夫として仕えてみますと、年齢にもだいぶ差がありますし、財政困難な主人の生家と何不自由なく暮らすことのできる私の生家とは生活程度が違い、初めから満足できなかったのです。しかし主人は私をたいへん愛してくれましたので、その情にほだされて夫を愛するよう努め、楽しく日を送っておりました。

結婚後十カ月のとき、妊娠八カ月で死産しました。すると、今までの夫とは別人のように態度がすっかり冷淡になりましたが、私はその後も、子供もなく、母も死亡し、兄弟もいない身で主人ひとりを杖と頼んでいました。

一昨年から夫は部下の女教員にみだらなことを言い寄っては、はねつけられても懲りず誰彼の区別なく関係しようとします。あまりのことにいさめましても、そのときだけ後悔し、またすぐ女に手を出します。あるときは自分の教え子に挑むなど実に浅ましい行いをいたしました。今後女と関係したら身ひとつになってこの家から去るからと、堅く誓った証書さえ私に渡しておりますが、四十にもなった夫のこの行いが改まるものでしょうか。

男というものはみんなこんなものなのでございましょうか。

今のうちに離婚したほうが、お互いの幸福か、それともこのくらいのことは許すべきか、どうでしょうか。　（煩悶生）

▼お答え　夫の家が財政困難なため満足できなかったというのが、あなたの根本の誤りです。あなたは虚栄心に支配されているようです。

いったん嫁いだ以上は、女はその家が自分の家です。夫の家、自分の家と区別すべきものではありません。

夫の身持ちが悪いのは、まことに困ったものですけれど、それももう四十という分別期に達しているのですから、あなたが心がけをよくして真心を尽くされたなら、やがて平和な家庭を楽しまれるようになりましょう。とにかくあなたの辛抱が肝要です。

一　お金持ちの家に養子に来て、職場では校長としての品位を保たねばならず、日頃のうっぷん

がついに彼をして女狂いに走らせた、とも思える。しかし、いくらなんでも、教え子に手を出したのはまずかった。部下へのセクハラも哀しすぎる。「煩悶生」さん、「男はみんなこんな」ではありませんが、貧乏育ちの夫を馬鹿にせず優しくしてあげてください。

下女に手を出す役人の夫

子供モナイ行ク末ガ案ジラレテ……

大正三年（一九一四年）十二月十五日

私の夫は某省の高等官で、敏腕家と言われていますが、いかにも品行がよくないのです。

そのために私は結婚後病気いたしまして、子供もございません。

実家からは治療費や洋行費などひとかたならぬ補助を受けていながら少しも慎むところがなく、妻をだますことは何でもないと申してはたびたび下女にもみだりがましきことをし、そのたびに口だけで詫びを申します。

父母在世中はともかく、子もなき自分の行く末を考えますと心細く、そうかといって離縁も外聞悪く、いっそ死のうとさえ思いますが、私を愛してくださる両親のあるうちはと思いとどまって、ひとり悶え苦しんでおります。

（赤坂一主婦）

▼お答え　あなたが弱いから、そういうことになるのです。もっと強くなって、夫の不品行

を制裁せねばいけません。

これから柔道でも稽古して、夫の首を締める工夫を講じなさいまし。何も離縁したり、悲観したりするには及びません。

このような悩みを読むと、日本の女は強くなったと実感する。某省の高等官だか敏腕家だか知らないが、人間としては最下等でしょう。治る見込みも十中八九なさそうだ。外聞より自分の幸せを考えなければ。迷うことなんかない、さっさと離縁するのが一番だと思うよ。そして子持ちの夫を見つけるんですね。下等官吏でもいいから誠実な人を。でもその前に柔道でも習って今の夫をギャフンと言わせるのは大賛成!!

みだらなことばかり言う夫

夫ノ心ヲ向上サセタイ妻

大正八年（一九一九年）三月七日

お恥ずかしい話ですが、私の夫はまことに慎みがなく、家庭でみだらなことばかり申します。私が妊娠中でも少しも顧みません。少しは私も言葉強く言いたいのですが、心が弱く、いつも悲しく思います。私と夫とは趣味が違いますから、何の楽しみもありません。

私は夫にもっと男らしさを要求しているのです。どうしたら夫の心を向上させることがで

きましょうか。（雪女）

▼**お答え**　お気の毒に存じます。趣味が合わぬということは、ちょっと考えると何でもないことのようですが重大なことです。

ご主人の心を向上させることは非常に難しいですが、あなたが常に心がけていれば必ずいつか改善することができると思います。

しかし一朝一夕ではできぬことですから、お心をゆっくりもって心がけることが必要です。

「雪女」さんはきっとお嬢さん育ちでとても慎しやかな方なのでしょう。夫がみだらなことを言うたびに、ポッと顔を赤らめる姿が目に見えるようだ。それがかわいくてしようがないから、夫はわざと恥ずかしいことを言うのであります。案外、幸福な新婚家庭なんじゃないかと思うが、そんなにイヤなら仕方ない。夫がギョッとするようなみだらなことを一度ご自分から言ってごらんなさい。毒気を抜かれてきっと黙るでしょう。

純潔を疑い自白を迫る夫

身ニ一点ノ曇リモナイノニ……　　大正五年（一九一六年）六月十一日

私は小学校の女教員ですが、生まれつき活発で運動好きなところから、夫のある今でも、

テニスやフットボールなどさかんに運動しているお転婆です。けれども品行上に曇りのあるようなことは、かつて一度もしたことはありません。

それなのに、夫は私に向かってこんなことを申します。

「おまえは私に純潔な愛を捧げたのではない。それは私が言うよりも、おまえの心、おまえの身体が知っているだろう。いや、知っているはずだ。世間でも『本木にまさる末木なし』というから、おまえが最初の人と添い遂げることができなかったのは、私もかわいそうに思う。しかしおまえを自分の妻として見るとき、いかにも残念だ。けれどもこうして連れ添うのも前世からの約束だろう。私はおまえのすべてを許すから、自白するがいい。そして少しの疑問もない新しい生涯を送ろうではないか」。

私は、あまりのことにただ悔しく返事すらできません。身に一点の曇りもないのにこんなことを言われるかと思うと、実に情けなくなります。

どうしたらこの疑いを解くことができるでしょうか。

（一妻女）

▼お答え　それはそれは、さぞお困りのことでしょう。

しかし、まったく何の理由も原因もないのに、そういう疑いを一生をともにする妻にかけるというのは、少しおかしいのではありませんか。よく「火のないところに煙は立たぬ」という通り、まったく根も葉もないことが問題になるわけはないと思います。何か原因があるのではありませんか。よく考えてみて、もしあるのでしたらまず第一にその原因を除くことに努めなければなりません。

しかしどう考えてみてもただいたずらに疑いをかけているのならば、それは言うまでもなく夫の無理です。しかしそれなら少しの間辛抱していれば、自然と消えていきましょう。それにしても「ただ悔しく返事すらできません」などと言っているのは、かえって不穏当です。やはり、きちんとそれが事実無根であることを、立派に弁明なさるのがよろしい。

それでも夫がそれを信じず、勝手に疑いをかけて責めるのならば、それは前にも言った通りただ夫の無理というものです。そして、そういう男は軽蔑すべき人間です。

どうもこの方のご主人は三文小説の読みすぎらしい。だって台詞がとっても芝居がかってるんですもん。きっと一度、不貞の妻を許す寛大な夫というやつをやってみたくてウズウズしてたんでしょう。それなのに、この方ときたらなんてノリの悪い。小学校の先生はこれだから困ります。「実は、……ごめんなさい、あなた」と泣きくずれてみせるくらいはやらなくっちゃ。倦怠期の予防にもいいですよ、きっと。

処女じゃない妻に嘆く夫

男ニ生マレタ生キガイガナイト言ワレ……

大正五年（一九一六年）十一月十四日

私の夫は、以前、子供が二人もいたのに、貞操のことで九年間暮らしていた妻を離別しました。その後妻に来たのが私です。

私は当時、夫の心を知らなかったものですから、自分にも過去のあることを隠して継子をみるのが罪ほろぼしと思ってきたのです。そして今では、合わせて四人の子持ちです。

ところがこの頃になって、夫は私の過去を知って大いに怒りました。

「俺は処女を知らなかった。男と生まれた生きがいもない。処女を妾として置くから、公然と承知せよ」と迫り、現に薄給の身もかまわずに、そっちの方面に金をかけて家政を顧みません。

子供も相当の年になっているのに、家庭内のこんなありさまを知らせるのはいかにもつらいと思います。

どうかして、怒る夫に妾を置かせずにすませる工夫はありますまいか。　（悩める女）

▼お答え　処女と信じて結婚した婦人が二人とも処女ではなかったと知って憤ったというあ

なたの夫には、同情せずにはいられません。夫婦の関係上、これくらい苦い思いはないでしょう。夫はあざむかれたとも、辱められたとも思うことでしょう。前にはそういう事情で離婚したとのことですが、今度は憤っただけで何らかの方法でその不平を紛らわそうとしているのは、いっそう同情に値します。

あなたは自分の罪の埋め合わせとして継子のめんどうを見てきたとのことですが、あなたとしてはそれよりほかに方法がなかったのでしょう。しかし、夫の感情を思いますと、あなたのその親切だけではまだ相殺できなかろうと思います。

あなたはこの上もっと身を責め、夫や子供を愛することによって夫の許しを請わなければなりません。

それが、この問題の解決のしかたです。

夫が妾を持つのをやめさせる工夫はありません。夫は薄給だからなどと、あなたは目前の都合ばかりを主にして考えているようですが、夫の感情はもっと深刻なもので、あなたにはそれが汲み取れていないようです。あなたはもっと夫の心をお汲みなさい。それが問題です。

夫はたぶん、妾は持たないでしょう。

この手のご相談は本当に驚くほどたくさんあって、当時の処女信仰の絶大さを思い知りました。非処女を理由に離縁できるんですから。平成の処女事情を知ったら、みんな憤死してしまうかしら。この方の夫も、最初は今度こそ処女だと信じていたのですから、知らなければ一生

幸福でいられたものを……。お気の毒に。でも、平成人の感覚だとつい笑っちゃうなあ。これで妾を置いても、また処女じゃなかったりしてね。

ミカンを二十個一度に食べる夫

一カ月ニヒトリデ五箱モ……　大正四年（一九一五年）一月三十一日

私の夫は当年二十八歳で、ある専門学校を卒業して今では外国商館の輸出係長を務めております。

毎朝、朝飯がまずいと言って食べません。ただ牛乳を一合飲んで出て行きます。午後四時半頃に帰宅して、夕食をすませるとミカンを一度に二十個くらい食べます。甘い物は食べませんが、何か衛生上悪いことはないでしょうか。

私は昨年結婚したばかりで、夫の好みの食物がわかりませんが、非常に水菓子が好きなようです。

今年になって、五箱もひとりで食べてしまいました。

（よみうり愛読女史）

▼**お答え**　水菓子は、人間の健康を保つのにもっともよい物ですが、そうそうミカンばかり食べては身体のためになりません。

それゆえ、ミカンのほかにリンゴなども食べるようにお勧めなさい。朝飯は食べないでも、牛乳一合飲めば差しつかえありません。

夫がミカンを食べすぎるといってその身を案じる新妻。かわいいですね。初々《ういうい》しいですね。でも、よおく読むと、早い話が、この方の料理の腕にも問題があるような……。ミカン二十個で夕食の口直しをしているようでもありますし……。現に、朝ごはんがまずいから食べないわけでしょう。記者様もそこに気がつかないふりをしたりして、お人の悪い。リンゴを勧めるより、料理学校にでも通うべきなのでは。

良人《おっと》というものは、
ただ妻の情愛を吸い込むためにのみ生存する
海綿に過ぎないのだろうか。

夏目漱石『明暗』――大正五年

其ノ九

妻ニ手コズル夫ノ煩悶

植木まで消毒する妻

病気ヲ恐ガッテ家中ノ消毒ヲ

大正七年（一九一八年）六月五日

私の妻は二十五歳になります。六年前私と結婚し、今では二人の女児の母です。一昨年頃から、ふとしたことで皮膚病や禿頭病などを非常に恐ろしがるようになりました。こんな病気の来客がありますと、家を出て行って実家に帰ったなりいつまでも戻ってきません。来客が私の不在中ですと、訪問を拒絶したりして極端に恐れているのです。

それどころか、日に何度となく衣類や物品にいろいろな消毒剤をふりかけますので、破損したりシミができたりしています。ひどいときは、楓や松の鉢植えにまで消毒液をかけますので、ついに枯れてしまいました。

不経済なのはともかく、そのために家庭不和を引き起こすのではまったくたまったものではありません。私の実母は七十余歳の老齢ながら、ついにいたたまれなくなって北越の故郷に帰りました。

二人の女の子は頭から薬を浴びせられて、泣き叫び、目もあてられぬ惨状を演じます。また、親類や友人が遠ざかるようになりました。

私は何とか妻を説得しようと、有名な医学博士を四、五人訪問して皮膚病及び禿頭病について話を聞こうとしましたが、誰ひとりとして妻を安心させるような療法を教えてはくださいませんでした。

しかたがないから、毎日毎日「そんなに恐ろしいものではない」と説諭して聞かせていますが、いっこうに効き目がありません。妻の申しますには自分の皮膚は人一倍弱いから、いつどこから病気に冒されるかしれないとのこと。

おかげで何の仕事もいたしません。ただ手を洗うことと、器具や室内の消毒にのみ熱中して、いっさいの家事を放擲していますので、女の子らが炊事をしています。私は会社の出勤時間に間に合わず、いろいろと故障が起こってまいります。

このままだと、ついに離別するほかはなくなってしまいます。妻のこんな性癖は治らないものでしょうか。　（奥村生）

▼**お答え**　専門の学者にいい智恵がないとしたら、今さら素人が申しあげることもありません。しかし禿頭病が恐れるに足りないことを力説するよりも、これを異常に恐れる細君の非常に弱い精神を、生理的ならびに心理的に均衡がとれるよう、療法を施されたらどうでしょうか。
「そんなに恐ろしい病気ではない」と言っても、細君は怖いのだからしかたがありません。ただ、そこに誇張があり、異常があるのが問題なのでしょう。

離別の何のと言わずに、できるなら異常な神経を鎮める機会を与えるようにしてみたら、どんなものでしょうか。

若い女の身でハゲに脅える奥さんの気持ちもわかるような気がするし、あまりの事態に逃げ出したお姑さん、消毒剤を頭からふりかけられる子どもたち、そしてオロオロしている人のいいご主人はホントにお気の毒だと思う。思うがしかし、どうしてか他人の不幸というものは、不謹慎にも笑っちゃう代物でもある。だってこれ、すごくよくできたスラップスティック・コメディなんだもん。

生家に告げ口する妻

強情デ無教養ナ妻ニ困リハテル夫

大正五年（一九一六年）八月二十九日

私は教職の身で、四年前妻を迎え、今年三歳の子もあります。

妻の生母は自分を抑える力が皆無で、病的のようです。妻もこの性質を受けている上に、事を曲解し、強情で、無教養ときていますので、私は死にたいほど困っています。

妻は生家で、一年の三分の一以上を暮らします。私や私の父母が帰れと言っても、自分が定めた十五日なり二十日なり過ぎなければ帰りません。

そして生家へ行くたびに生母に私の家のことを曲解して話すので、私の母が行くといつもこれが正気かと思われるほどの暴言を吐かれます。

妻の浮薄、曲解、強情に対して、どうしたらよいのでしょうか。

私は出家したいくらい悲嘆しています。
もっとも、妻の父兄はもののわかった人たちです。
（煩悶生）

▼**お答え**　世間にはずいぶん、強情だったりわがままだったりする細君もありますが、あなたの細君のようなのはそうたくさんはいますまい。

お手紙によると母親からの遺伝がいくらかあって、それが高じて病的になったもののように思われます。

しかしあなた方の言うことを、そうまで聞かないようになったのは、いくらかあなた方の初めの仕向け方にもよったのでしょう。とにかく、そういう性質の矯正は端からあれこれ言ったところで、なかなか効果のあるものではありません。

やはり、自分で悪いということがわからなければ、直す気にならぬだろうと思われます。

それには理屈でいくものではありませんけれど、細君のお父さんや兄さんがもののわかった人たちであるのを幸い、その人たちからよく説き諭してもらうのがよいと思います。

そして細君が素直になるようであれば、その母親のほうとは、なるべく交渉を薄くするようにされたらよかろうと思います。

年を取った女の人のわからず屋は、容易にどうすることもできないものであります。

――この方は、とても育ちのいい心の優しい男性であることが、手紙の文面からしのばれる。結婚するまで、人の悪意や妬みやその他もろもろのネガティブな感情に直接ぶつかったことがなかったのではあるまいか。そうして、対照的におそらく育ちの悪い妻は、こういうおっとりした夫やその家族を見ると、本能的に「世の中そんなもんじゃないやい！」と反発したくなるのだ。結婚とは、ひとつの社会勉強かもしれないね。

心が美し過ぎる妻

功利一点張リデキタ私ニハ合ワナイノカ……

大正六年（一九一七年）八月七日

私はもう三十に手が届く男子ですが、このほど初めて妻帯しました。

これまで私は、何ごとも功利一点張りで生きてきたにもかかわらず、選んだ妻というのが言いようのない美しい気持ちの女で、とにかく涙もろく優しいのです。

その点では妻を愛することができます。が、妻はとかく世事にうとく、借金取りが来ても顔を赤くするといった調子で、実際の家政上ではきわめて空疎な能力しか持たないので、私は何とも頼りなさを感じています。

こんなことでは行く末どうなるかと案じられます。

もとより私は薄給で、そうそう妻の気の向くようなことばかりしていられません。これがいわゆる気の合わぬ夫婦かとも思われますが、どうしたらよろしいのでしょうか。

（功利の男）

▼お答え　あなたの言う「美しい気持ち」とか「実生活に空疎な能力」とかはあまりに抽象的な言葉なので、もう少し具体例を聞かないと何ともお返事しかねます。が、お話によりますと、まぁ気の合わぬ夫婦という状態に近いのかもしれません。

とはいえ、別の方面から考えますと、それはあなたが男らしい方で、細君が女らしい方だという風にも考えられます。あなたが「その点では妻を愛することができる」とおっしゃっているのは、この実感を漏らしたものではないかと思われます。

と同時に気に食わないと申すことも、男と女の相違する能力、性情からくるのではありませんか。

そう見ると、まことに良いご夫婦ではないかと思われます。

世間の夫婦は、普通こんな場合気が合わぬとして離別するのが常ですが、どうです、ここはひとつ思いきって、その気に食わないところはせいぜい目をつぶり、美しいところだけを愛してゆくように努められては。

そして、細君ができるだけ美しい心を発揮できるように、あなたがお人好しになってひと苦労して働いては。

おそらくあなたは、苦労しがいのある美しい心の細君を、常に座右に見出すことができるでしょう。

離別は今、流行し過ぎていますから、あなたがひとつ試験的にそうした試みをしてはいかがでしょうか。今の世の中はとかく、婦人を根本的性情とは逆行させようとする傾向もあるようですから。

さすが記者様、酸《す》いも甘いもかみわけた名裁き！　世の中には似た者夫婦という言葉があるけれど、性も違えば、生まれも育ちも異なる二人が縁あって、一対をなすのであるから、お互いの足りないところをあい補う関係こそ美しい。「功利の男」氏は、きっと無意識にそういう相手を選ばれたのだろう。あまりの違いに戸惑い、こうして投書してはみたけれど、心の底では正解を知っていたように思われる。

商売に不向きな農家育ちの妻

大正四年（一九一五年）十二月十六日

性分ハ直ラナイノカト悩ム夫

私はある田舎の雑貨店主です。数年前開店し、同時に近くの農家より妻をめとりました。共稼ぎの結果だんだん順境に向い、今では店員も二人います。

しかし農家育ちの妻はいかにも商売に不慣れで、そのうち慣れてくると思い教えていますが、今だに子供の教育、店員の使い方、近所親類との交際、顧客の応接など、傍らにいて冷や汗が出るのです。それゆえ夫婦の情も薄くなり、日々面白くありませんが、皆私の不行き届きとあきらめています。子孫には、結婚の際は事前によく調べよと遺言するつもりです。

それはそれとして、性分というものは特訓しても直らないのでしょうか。それとも私の感化が足りないのでしょうか。

（煩悶せる店主）

▼**お答え**　よくよくお困りのようですが、性分は矯正しにくいものですけれど、絶対に直らぬものでもありません。ただ自分から直すよう心がけなければ効果がないので、そういう風にしむけることが肝心です。しかしまたたとえ昔のままであるとしても、そのために情が薄くなるのは感服できません。そういう冷たいことでは、細君のほうもあくまで直そうという熱心は出ないだろうと思います。なるべく細君のいい方面を認めて、いたわってやっていただきたいと思います。

――「子孫には、結婚の際は事前によく調べよと遺言するつもりです」というのがしみじみおかしい。だが〝歴史は繰り返す〟のである、きっと。

我の強い妻を導くには……

互イノ心ガ了解デキナイト嘆ク夫

大正五年（一九一六年）五月五日

私は官吏をしています。三カ月ほど前に田舎から妻をめとりましたが、年齢の差かそれと

も思想の差か、私がものを教えたり注意したりすれば、さも自分の信用が落とされた気がするらしく、またそれを聞けば自分の価値が下がるように心得て、つまらぬところに意地を立てているのが無言のうちに窺われます。

私は別にことさらやかましく言うわけではなく、誠心から注意するのですが、不徳のためか妻のその小さい虚栄を正すことができません。こうした妻に対して夫はどんな態度をとったらいいものでしょう。

（不徳なる夫）

▼お答え　ちょっと我の強い女によくある欠点です。ことによるとまだ十分あなたに親しみきれず、信じきれぬところがあるのかと思われます。言わなければならぬことはどしどし注意しても、小言にならないようにしたほうがよいと思います。不快な顔をするからと言いかけた注意をよしたり、顔色を気にしたりすると、ますます女の我は募るようです。言行を一致させ、度量をもてばたいていの女は知らず知らず屈服するものです。妻があなたを信じ敬服すれば、そんな小さな斧はおのずと振り回さなくなりましょう。

我の強い妻に頭を抱える夫の図は今も昔も変わらないようである。変わるとすれば、今では我の強い妻をますます助長させる、ありがたくない状況が完璧に整ってしまったことであろう。夫にとって受難の時代だ。

勝気でわがままな妻

生来ノ短所ガ年取ルニシタガッテ増長シ……

大正八年（一九一九年）二月十三日

私は四十歳、妻は三十九歳で子供が数人あります。妻は親戚よりめとりましたが、非常に勝気なわがまま者で、書面一本、受け取りひとつ書くこともできません。

老いるにしたがってますます増長し、ほとんど狂気のごとく、男女は五分五分だと夫を辱める言葉を平気で他人に言っています。それを訓戒しようとすればいつも決まり文句で「大きなお世話だ」「おまえのような大馬鹿者の妻となったのは一生の不幸だ」と言います。

彼女は虚栄心が強く、近所の商家の妻を見てうらやましがり、私を無能とののしります。けれども私の蓄財は数万円にのぼり、私の一族はあらゆる名誉職をなし、何ひとつ不足がないはずなのです。

もはや離別して単独で子女を教育しようと決心し、妻にしばらく実家に帰って静養するように命じましたが、彼女は頑強に拒絶します。ほとんど手のつけようがなく、思案に暮れてただ涙にむせぶのみです。

（困却せる夫）

▼お答え　どうも困ったものです。脳に異常があるのではないかと思われますから、精神を専門にする医者に診てもらいなさい。

普通人とちょっと変わらない容態の精神病であるかもしれません。

ご当人は大変であろうが、なぜか憎めない悪妻である。それに、何ひとつ不足ないと自負する夫に案外問題がありそうでもある。当時の日本の男のレベルでは仕方ないが、女はうちのことだけおとなしくやっておればよいという考え方に、奥さんは猛然と反発したのかもしれないね。

妻がいそいそと
こころをつくしてくれる日は
かなしみさえが　すんでくる

八木重吉『妻』——大正十四年

其ノ十

結婚生活ノ危機ニ際シテノ苦悩

冗談から離縁に？

夫ノ浮気ヲ邪推シテ出テ行ッタ妻

大正六年（一九一七年）十月十一日

私は今年、叔父の紹介で二十二歳になる妻を迎えました。

妻は気が小さいというのか、何でもない些細なできごとを大変なことのように実家に告げます。妻の父は人一倍子煩悩な性質のため、一から十まで妻の言うことを真に受けて、すぐに媒介人のところへ怒鳴り込む始末。そしてそのたびに、妻を返せの戻せのという騒ぎを演じたことがありました。

今度、突然先方から離縁を申し込んできましたので、私はまた始まったな、くらいに思って、そんなに離縁したければしようと申しました。例のように、妻はやがて帰って来るものと思っていますと、いっこうに帰ってきません。

私は叔父にその理由を聞きましたが、私と叔母の娘との間に、何か関係があるとかないとか、そんなことが問題になっているらしいとのことでした。

私は実に驚きました。

叔母の娘というのは、私の工場で（私は工場を営んでおります）女工が足りないときに、ちょうどその頃田舎から遊びに来ていたところ、十日ばかり仕事を手伝ってくれと申してしばらく使ったことのある女でございます。このとき、妻は私と娘の関係を邪推したようなのです。

あるとき、話のついでに妻は私にそのことを聞きました。私はあまりに馬鹿馬鹿しいので「ウン、あるよ」とわざとありもしないのに言ってのけました。これがほんの冗談であることは私の周囲の誰に聞かせても知っていることです。が、それを真に受けた妻が、それを実家で吹聴したらしいのです。

そうと知っていたら妻を郷里へやらなかったのですが、今となっては、ついに破鏡の歎きを見なければならなくなりました。私はこんなことで妻を離縁しようとは夢にも思っていません。けれども舅は短気で子煩悩だし、妻は疑い深くてひがみ根性だし。その上、妻側の媒酌人と、私の側の仲人とはお互いの間柄がよくないので、二人がこの問題に関係してくれても都合よくはいきません。

それにもう荷物まで引き渡したので、私の立場として、たとえ先方が何と言おうとすぐさまそれを受け入れるわけにはいきません。私はどこまでも独身のまま、潔白さの意地を立てたいと思いますが、いかがなものでしょうか。

（寂しい男）

▼お答え　まったく、冗談を解せないような気の小さい女は困り者です。

しかし、もともとそういう気の小さな女だと知りつつ、しかも多少の疑心を抱いて聞いた細君の質問に、まことしやかに言ってのけるというあなたにも多少の難癖はつけられます。

けれども、そんなことで出るの退くのとはあまりに早計です。独身で自分の潔白さを立てるという意地張りを、もっとおだやかに、仲の悪い媒介人を促してことをまとめるようになさったらよいでしょう。

罪を洗えばいずれにもある、ひがむのも悪ければ、意地を張るのも時と場合です。もともと冗談から出た問題ですから、冗談のうちに話をおまとめなさい。

心配性で冗談の通じない妻をついからかわずにはいられない夫。けっこうお似合いのご夫婦だと察せられるが、今度ばかりはやりすぎたようだ。冗談好きな人には、案外、自分の気の小ささを冗談でごまかしている傾向がある。真面目になることを恐れてはいけません。たまには真面目に人生に立ち向かわなければ。叔父さん夫婦と奥さんの前に土下座して自分の心得違いをとくと謝ることですね。

虫が好かない新妻

顔モ声モ悪ク趣味モ合ワナイ妻ト別レタイ夫

大正五年（一九一六年）十一月二十七日

私は、某私立大学の政治経済を卒業した二十三歳の青年です。

先月、叔父の媒介で、親族にあたる母ひとり娘ひとりの田舎の財産家へ、婿養子にまいりました。

その娘とは中学時代からたびたび会ったことがあるので性格はよく知っていましたが、田舎ながら女学校を卒業しているにもかかわらず、いわゆる虫の好かぬ女でした。

しかし、実家の両親や親族がその結婚を熱望していたので、彼らの反感を恐れ、強制にまかせて納得したしだいです。

結婚後、私は実際に娘の欠点を見出し、彼女の一挙一動が癪の種となり、毎日不快な生活を送っています。

彼女の醜貌と音声の悪濁、音楽の趣味が皆無な点は、ことに私の嫌悪するところで、そのため愛情を提供することが不可能なのです。

この場合、どうすれば社会的に満足を得ることができるでしょうか。

おしまいに、妻は非常に私を慕っていることを付言しておきます。　（煩悶生）

▼お答え　あなたは、高等教育を受けたことに誇りをもっているようですが、何よりも大事な、品性に対しては何らの修養ももっていないのには驚かされるまでです。

いやな、虫の好かない娘だということは前々から承知していたけれど両親や親族の手前をはばかって結婚した、とあなたは、それがまるで男子の意気でもあるかのように言っていますが、第一結婚という大事をそういう態度で扱うのは、第一は自身を辱め、第二は他人を辱めることで、これくらい不道徳な恥ずべきことはないでしょう。

そんなだから一カ月もたたないうちに、結婚に

ともなう責任を無視して、顔が醜いの、声が悪いの、音楽の趣味がないから嫌いだのと、遊蕩児が芸妓にするような批評を新妻にくわえて、世間体さえ悪くなければ離縁しようと思っている。

しかも、そうできないのを煩悶と称して相談するようなことになるのです。

あなたは、品性の上では幼稚園の生徒となって新しく修養をしなくてはなりません。

誇り高い超エリート青年が、記者様の手にかかると、赤子の手をひねるようにコテンパンにやっつけられているのが面白い。いやはや痛快、痛快。見識ある新聞記者氏に同情してもらえるとばかり思っていたこの青年が、いそいそと新聞を広げ、ここまでボロクソに言われている回答を読んだ時の顔を想像してごらんなさい。ちょっと気の毒ではあるけれど、まぁいい薬になったでしょう。

兄妹みたいな夫婦で物足りない

熱イ血ノ感応ガナイノガ無念……

大正四年（一九一五年）十二月二十八日

七年前、私は年老いた夫婦とひとりの少女がいる家へ寄宿しました。二、三年たつうちに少女とは兄妹のごとく睦み合うようになり、縁あって少女が女学校在学中に式を挙げ、今私は二十六歳、妻は十九歳、知り合ってから既に七年になります。二人は初めて会ったその日から親愛した間であり、私たちの結婚はほとんど理想に近いものです。ですから夫婦としても理想的であるはずなのに、結婚前と後との愛に変わりはなく、兄妹のごとく以上に得たものがありません。

信も理解もありながら、夫婦としての熱烈な血の感応がありません。私は彼女のことを生涯ただひとりの妻として、愛を覚え得ないのを遺憾に存じます。妻は結婚当時、勉強に専心していたため、夫婦としては歓楽よりもむしろ苦痛を感じたのが原因ではないかと思います。老いた母もしきりに心配しています。何とか夫婦としての愛情の域に進んでいくことはできぬものでしょうか。

（若き妻の夫）

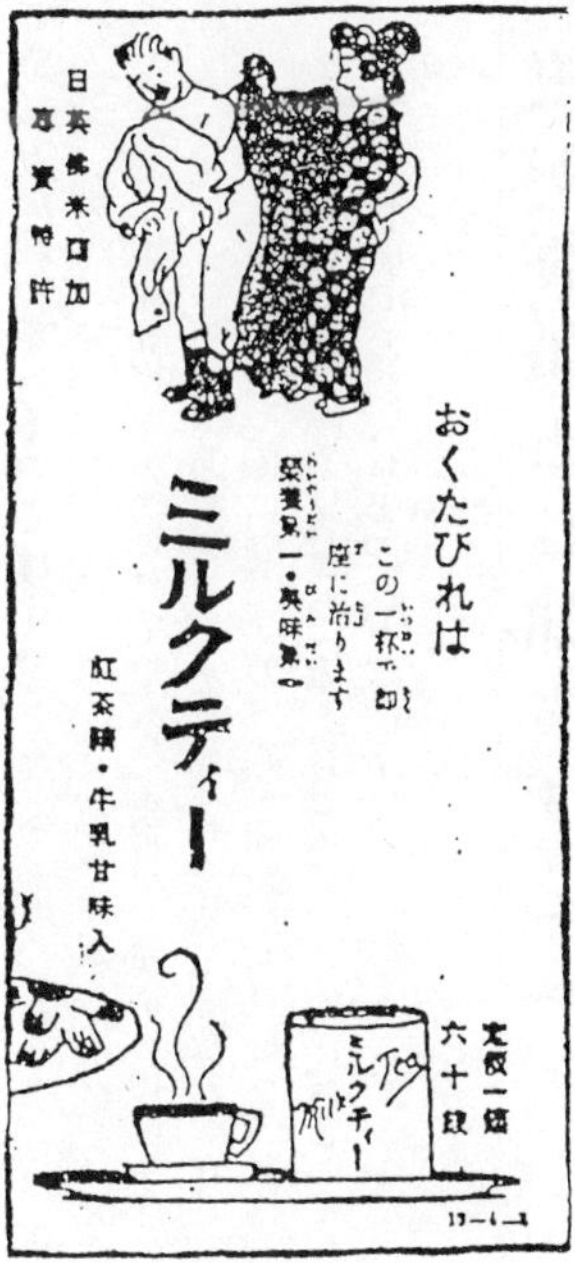

▼**お答え**　こうしたことは立ち入ることではありませんので、原因を明らかにすることもできません。

あなたがあげたような原因も、いくらか関係しているかもしれません。

それに、たとえ兄妹のごとき愛でも、愛に慣れ過ぎて感じ方が鈍っているのではないでしょうか。

実に婉曲な表現がとられてはおりますが、要するに性生活の不満、妻の感度が悪いとこの方は嘆いているのであります。十九歳ならそろそろなんとかなりそうなものを、自分が下手だからとは夢にも思っていないこの方にも問題がありそう。ところで「老いた母もしきりに心配して」というのは、やはりこの方が自分の母親に逐一報告しているということだろうか。案外、問題はそこらへんにあったりして……。

妻が再婚とは知らず……

妻ノ結婚歴ガ悩マシイ夫

大正五年（一九一六年）十月二十四日

私は七年前に親の勧める女と結婚した者です。当初から、妻の貞操に疑いをもっていましたが、今年の夏、悲しくも事実とわかりました。私と結婚する前に半年以上も他家へ嫁したことがあったというのです。そういう女と結婚したのかと思うと口惜しくて悩ましくてしかたありませんが、さりとて離縁する決心もつきません。妻も離縁されるなら死んでしまうと言っています。私はどうしたらよいでしょうか。

（茨城のひとり）

▼お答え　これは、あなたの心の奥に横たわる困った問題です。あなた自身に解決がつかないように、第三者もとやかくは言えません。しかし既に七年も夫婦として生活してきて、現在でも離縁する決心はつかないという以上、あなたは奥さんを愛しているのです。その愛をいっそう強くして奥さんに対する不快の情を払いのけ、さっぱりした気分になるよりほかはしかたありません。

再婚だということを知らずにいたあなたにも責任がないとはいえません。そういうことは結婚前に調べて承知しているはずのことですから。

これをよい機会として、楽しい家庭を築いていかれることを希望します。

つまんないこと、くよくよ悩むんじゃないよ、バーカ！　と言いたいところだが、現代の若者とて、初婚とばかり思っていた相手が実はバツイチとわかったら、だまされた！　とショックを受けるかもしれないねえ。七年間も隠し通した過去をもうそろそろ言っても平気かなと楽観してしゃべってしまった奥さん、あなたがいけない。最初に洗いざらい打ち明けるか、一生隠し通すか、これしかないと思うけど……。

非処女と結婚して後悔

責メナイカラ打チ明ケテクレレバ良イモノヲ……

大正六年（一九一七年）二月二十二日

私は数人の子供をもつ父です。結婚の際ある友人から、十九歳以上の婦人は処女ははなはだ少ないものだ、と聞きましたが、私の妻もその処女でない者のひとりだということを確かめました。

不快でしたが、荒立てては双方の大事だと思い、また愛が起これば忘れることもあると思って我慢しました。

ところがこれが大変な間違いで、平生はそれほどでもないのですが、吉凶のあるごとにそのことが胸に浮かんできて、ともに喜び、ともに悲しむことができません。

のみならず、その悩ましさがいっそう強くなってくるのです。

また、気のせいか妻も始終陰鬱で、近頃はその兄弟さえ性質が変わったと言うくらいです。

私も夫婦仲が親密でなく不愉快でしかたがないので、妻に打ち明けるように望みますが、妻はなかなか打ち明けようとしません。

私は聞いてもいまさら離縁をするようなことはありません。

かえってそれから愛が起こるかとも思います。

これは、いったいどんな処置をとればいいのでしょうか。　（芝の某）

▼**お答え**　お手紙が事実なら、ご心中もいちおうはうなずけます。

貞操ということは広くも狭くも解釈できることです。結婚前に細君は処女の貞操をもっていなかった、とおっしゃるけれど、貞操を広い意味に解せばそのことは許すべからざることかもしれません。

しかし狭く解すと、貞不貞ということは相手があって初めて起こってくることで、相手のなかったときにはそのことは問題にならなかったとも言えましょう。

すなわち、あなたの細君の貞操問題はあなたと結婚したのちに初めて起こってくることなのです。それ以前にまでさかのぼっては、どのようなことがあったにせよ、あなたに直接不貞なことでも働いたように思うのは少し当たらないのではないかと思います。

あなたはそのことを許した、と言っている。また愛によって忘れようと思った、とも言っている。それは愛ある夫婦の間では至当なことで、また、そうするよりほかしかたないでしょう。既にそう覚悟された以上は、その覚悟を意志の力で実行していくのが本当です。

意志の力が弱いので、あなた自身動揺する。それを感じて細君も陰鬱になる。その結果、古い古い昔の真相を知ったら、不快の念を一掃することができるだろう、などと思うのは、本末を誤っていると思います。愛ある以上、数人の親ともなっている以上はその愛を意志の力をもって進めていく以外にしかたありますまい。

十九歳以上の者に処女が少ないとのことは、意見としてはしかたありませんが、記者は事実だとは思いません。


——いくら打ち明けろと言われたって、多少分別のある女なら絶対打ち明けないだろうなあ。だって、こういうねちっこい男は、聞けば聞いたでますます昔の男に嫉妬を募らせるにきまってるんだもん。女は、昔の男のことなんかケロっと忘れちゃってるものなのにね。終わっちゃったことをくどくど言われても困っちゃうよね。でも、このままだとますます妄想を広げて悩むんだろうなあ。困りましたねえ。

好奇心から結婚

非処女ノ妻ト好奇心デ暮ラシタ男

大正五年（一九一六年）三月十二日

私は昨年、ある婦人と結婚した者です。

結婚前にその女の素行調査をできるだけしましたが、彼女はすでに貞操を汚されていたのでした。しかし、不厳格な家庭にはよくありがちなこと、結婚でもしたなら悔悟するだろうと思い、さほど気は進まなかったのですが周囲の事情に迫られついに結婚したのでした。

しかし、結婚後は私が期待したような模様も見えず、両人の間には何か隔てがあるようで不快でたまりません。

私は容色はさほど望まず、才能本位で結婚したのですが、彼女は予想に反して鈍物でした。私は童貞を保ち、今日まで純潔なる生を営んだ者です。しかし妻は前述のごとき既に砕かれたる魂です。その上結婚後、一度として私に満足な感じを与えません。

彼女と同棲していては、私の将来が呪われるような気がしてなりません。で、断然今のうちに離婚したほうがよく、またそれがお互いの幸福かもしれないと思います。しかしまた、これは男子側の勝手な言い分かもしれぬと自分の良心に尋ねてみても、徹底した判断ができません。

慚愧《ざんき》の至りですが、私としても、この結婚には不真面目な好奇心があったのでした。先方が既に処女でないところに、遊戯的な気持ちがあったのです。

動機が既にこんなですから円満にいくはずもなく、今さら後悔しています。妻の前身に対して私の動機も、道徳上の罪においては軽重ないように思います。

ここで私は離婚を申し出ても差しつかえないように思われますが。（悠々夫）

▼お答え　あなたの後悔は当然です。

あなた自身が既に認めているように、その出発点が間違っていたのですから。

不真面目な好奇的結婚に愛のあろうはずもなく、愛のない夫婦が円満に暮らせるはずもありません。

今ひるがえって、その軽率な罪のつぐないに妻を愛すべく努力するか、または、結婚の形を覆してしまうかの二つにひとつです。

あなたは自分の罪と妻の行為とを比較し、その軽重を計るには及びません。

あなたはあなた自身の罪を悔い、それを改めればよいのです。人は、人を勝手に責め、また自らを勝手に許すことはできないはずです。

あなたが真に誤りを悔い、生涯の道を立て直そうとする心をもってしても彼女との同棲がしのびがたいならば、そのときは離婚もやむを得ぬことです。

妻が処女じゃなかったと煩悶する男性が多いこの時代に、これはまたお珍しい。良識ある新聞紙上ゆえ、ずいぶんまどろっこしい表現ですが、要するに、自分は童貞で、相手は経験豊かな女性だから、きっとセックスはうまくリードしてくれるよね♡　と甘い期待をしてしまったのですね。そしたら、思ったほどよくなかった、と。さっさと離婚して、今度は床上手で評判の娼妓を身請けでもするんですね。

夫への失望を抱えて

嘘ツキ夫ノ人柄ニ絶望シテイル結婚生活

大正六年（一九一七年）三月六日

私は二十七歳の女です。八年前、今年三十七歳になる一面識もない医師の妻になりました。これは愛の結晶でも財産との結婚でもありません。家柄にだけ重きを置き、その人が遠縁にあたるというので安心し、性格などは調べてもみないまま、不安がる私を父母が親不孝とおさえつけて結婚させたのでした。

結婚してみると、夫はあまり心がけの良い人ではありませんでした。何事にも主義が立たず、人情に薄く、世間に対しても不義理ばかり重ねています。

ことに悪い癖は嘘を言うことで、きのうと今日では言うことがまるで変わってしまいます。夫が人様と話すときなど、はらはらして聞いていることが一日に何度あるかわかりません。

患者や交際のある方は初めは淡泊な人と思っているらしいのですが、だんだんと嫌気がさすようです。また同輩や目下からは馬鹿にされ、それを自分では気づかずにいるのが情けないのです。

私に誠意がある以上、長い年月には夫に意見を言わぬわけにはいきませんが、いらぬ干渉をするなと怒られてしまいます。七、八年もそうしているうちに、私の誠意は夫から離れ、今はただ飼われ者のようになって暮らしています。

夫への失望は結婚後ひと月めから始まりました。が、実家の敷居は二度とまたぐまいと決心していましたので、私のふつつかとわがままが原因と思い戦う気で過ごしていました。しかし、さて七、八年を過ぎてみますと、私の踏み込んだ道は間違っていた、間違った道で自分を殺してまで苦労するのは無意義ではないか、と絶望のあまり迷うようになりました。

今では、離婚話が周囲の者から持ち出されています。夫と私は近年、夫の家から別れ、私の実家に近い所に開業しています。自然と、夫の人となりが私の両親や兄弟の耳に入るようになりました。その時父は「おまえ、こちらへ来ないうちに早く身を引けば良かったのに」と言ってくれました。そのひと言を、私はどんなに待っていたでしょう。早く早く、それをもっと早く聞きたかったのです。

しかし今では、離婚も不可能です。それは実家に近いために、そんなことがあればただちに世間に知れて離別されたと言われるからです。そうなると私の不名誉になり、家の体面上も悪うございます。

あれこれ思うと、最初の決心通り家の犠牲になるよりほかないと思うのです。

しかし夫婦に愛はなく、子供もなく、前途に何の望みもなく、不安に不愉快に一生を送るかと思うと、情けなく、心細く、頼りなく、さびしく、どうしてよいかわからなくなります。

（悩める女）

▼**お答え**　ここにわが道ありと思い、若い身の何年間も一途に進んでみたが、一点の光明も見出せない……そんな道は、あなたのおっしゃる通りおそらく誤った道で、引き返すべきだと思います。
離縁は不名誉という考えはあなたには不似合いです。そんな結婚を続けることが体面を保たせ、名誉を保たせるのでしょうか。それは身を殺し、また虚偽をしてでも保とうとするほど値のあるものでしょうか。本当の意味の体面名誉は貴ぶに値したものです。あなたの境遇からは、得る望みがないのではないでしょうか。

真実を求めなければ生きていけない人は、どこまでも真実に向かって行くほか幸福は得られないだろうと思います。

一　この方の不幸は一面識もない男と不用意に結婚してしまったことにあるのですから〝改むる

に憚ることなかれ〟といえます。しかるに、現代の結婚は、多かれ少なかれ、ある程度の交際期間を経た上に成立しているわけですから、失敗した場合の言い訳がきかないはずなのです。それにしては「こんなはずじゃなかった‼」というケースが多いのはなぜ？　これを読んでいて、つい素朴な疑問を持ってしまいました。

子供が産めない妻

結婚後十年……夫ノタメニ離婚シタホウガイイカ

大正六年（一九一七年）三月十六日

私はいったい、どうしたらいいのでしょうか。

私どもは結婚してから十年にもなりますが、まだ子供がありません。けれども医者からも、万一でなければできる望みはない、と言われておりますので、私自身は子を産むことができない者としてあきらめているのです。しかし、丈夫な身体をもっている夫の身になりましたら、どんなに残念なことだろうと思われます。

世間には、私どものような夫婦もたくさんあるようでございます。しかしそれはさびしさから逃れるために、別れることのできぬ人たちではないでしょうか。私どもはそうまでして結ばれていなければならない、とは思わないのです。

夫はまだ三十五歳にもならないのですから、これから新しい家庭を作ることができるだろうと思います。また、私としましても、弱い身体で主婦の務めを不完全に尽くすよりも、ほかにもっと適当な仕事があるのでは、と思います。

何かしらきっとなし遂げられるという自信さえもっております。ただひとつの心がかりは、離婚によって夫の名誉を傷つけるようなことがあるかどうかでございます。

なお、別れたのち、私は生活にも心配はなく、また独身が寂しくなるようなことは決してございません。それは私の身体が主婦の立場を、かえって苦痛に感じているためでございます。


(その子)

▼お答え　子供が産めない身体だからと、離婚してもらったほうが良くはないかというあなたのお考えはどうかと思います。
結婚生活の自然のなりゆきとして、子供は産まれるのです。結果から見れば、結婚は子供を産む方便のように見えますが、これは偏った見方で、そうとばかりは言えないでしょう。

あなたの考えは、ご自分ばかりを主としたものだと思われます。あなたの今すべきことは、それほどまでに思いつめるのならば、第一にご良人に打ち明けてご相談なさることです。ご良人もあなたと同様に、子供を産まない妻は妻としての資格がない、別れたほうがいい、と言われたならば別です。

しかし第三者から見ますと、結婚は子供を産む方便ではないので、子供がいないということは天命とあきらめ、そのために感じる欠陥は他の方法で補うべきだと思います。

またあなたは、自分が離婚を望むのはほかになすべき使命があるからだと言われます。その事業の性質は存じませんが、一方で妻のままでも、育児の心配のないあなたならば、このままでできはしないかと思われます。

しかし、何を犠牲にしてもそのことをなし遂げなくてはならない、という深い精神とそれに伴う力量とを備えてからのお考えであれば、これは例外として考えるべきでしょう。

さすがに現代では、子供が産めないから離婚というケースはあまりないが、子供が産めない女の肩身の狭さは相変わらずかもしれない。新聞の投書欄には、不妊症の悩みを訴える女性や「お子さんはまだ？」と無邪気に尋ねられるたびに泣きたくなるといった世間の無遠慮を嘆く女性の声が珍しくない。産めば産んだで、子供につい手を上げては自己嫌悪に陥る悩みもある。いてもいなくても子供の悩みは尽きない。

暴言を吐く悪妻

性質ガ粗暴ナ妻ニ馬鹿ニサレル夫

大正四年（一九一五年）九月十九日

私は六年前、ある人の勧めで今の妻と結婚して、今では二人の子があります。

妻の性質はいたって粗暴で、私を馬鹿にし、私の言葉や私の事業に趣味や同情をもってくれません。

夫婦の間はいつも不愉快です。

こんな悪妻をもったのは私の不運とあきらめましたが、この頃妻は、口癖のように「いやならこんな家に置いてくれなくても困らない」とか「実家の親が、姑や夫がやかましかったら戻って来いと言っている」とか言うのです。

私も残念のあまり「そんな不正なことを教える生家の親を訪問することは生涯許さぬ」と断っておきましたのに、きのう、私の不在中に姑に請願して実家に泊まりに行ったそうです。

私はこれを理由として離縁してしまおうかと思いますが、無理でしょうか。どうぞ良い方法をお教えください。（福松）

▼**お答え**　奥様のよくない性質を矯正する手段として、離縁話を持ち出すのもひとつの手段でしょう。

お子様が二人もあるのですから、もし先方が改心したときは許すとしても、現在のところはあなたの思い通りになさいまし。

昨今は子供が少なく、過保護に育てられた若者が多いので、我慢が足りずにすぐ離婚のパターンが多いものとばかり思っていたけれど、大正時代からの伝統だったのですね。実家の方でも、娘をいつまでも保護したがる傾向は、今とまったく同じ。こういう話をきくと、やはり日本の社会には、平安時代の〝通い婚〟（女の家に男が通う）の制度が一番合っているのかも、

—と思ったりもするのだが。

趣味が違う妻

離縁状ヲ送ルカ話スカドチラガイイカ？

大正八年（一九一九年）四月十九日

私は今年の三月、ある女と結婚しました。けれど、私の趣味と妻の趣味とはたいへんに違いがあります。また、妻は家庭の仕事がよくできませんので、離婚しようと思います。

妻が実家に帰ったとき、離婚の理由を手紙に書いて送るほうがよいでしょうか。それとも理由を書かずに離縁状を送るか、または差し向かいで話をして実家に帰らせるか、三つのうち、いずれの手段をとったらよいでしょうか。

（不幸な青年）

▼お答え　趣味が合わぬからというのは、離縁の理由としては薄弱だと思います。趣味が合わなければ、妻を教育して合うようにしたらよいでしょう。家庭の仕事ができぬのならば、どこかの学校にでも通わせるか、働きのある奥様に頼むかして、いろいろ教え導くようにしたらよいでしょう。

軽率に結婚し、また軽率に離婚するものではありません。一度妻と定めたら、その婦人の生涯の幸不幸を充分に考えてやらねばなりません。

この「不幸な青年」君の文章を読んでいると、ランドセルをしょった優等生の姿が浮かんできてしまった。妙に短絡的で幼稚ではないですか。文章そのものも幼稚だけど、精神構造が幼稚なんだと思う。こんな小学校の学級委員長みたいな精神構造で妻帯は難しいと思うよ。妻を教育するどころじゃないだろう。金のワラジをはいて、うんと年上の物のわかった女房を見つけて、情操教育をやり直してもらいなさい。

身持ちの悪い夫に愛想がつき

大正六年（一九一七年）七月二十四日

自立シテ女琵琶師ニナロウカ迷ウ妻

私は、三十一歳の人妻です。十八歳のときに望まれて嫁ぎましたが、何しろ夫の品行や人物についてはろくに調べもせず、望まれるほうが幸福だからと、親の勧めるままに来たのでした。

ところが嫁いで二カ月もたたぬうちに、夫には既に婚約した女もあれば、半年も同棲していた女もあったことがわかりました。望んでもらったはずの私に対しても、面と向かってほかの婦人を愛するような、目にあまることをいたします。

何度となく実家へ逃げ出しましたが、その度に夫は泣いて詫び、私は親の意見に従い家に連れ戻されました。あるときも、私は面会を拒みましたが、母がどうしても今一度辛抱してくれと涙ながらに申しますので「それでは死にに行きます」と申して夫のもとへ帰りました。

私はどうしても心から夫を愛する気持ちになれず、夫も私に愛を持つことができない性質だとあきらめておりました。

その反面、私の真の愛が足りないからと反省もしましたが、夫には愛など問題ではないようです。地方に出張がちな生活ゆえに、放縦に慣れてしまったものと見え、こんなことでは、年老いた行く末が案じられます。

物質上は不足のない生活なので、人からは幸福だとうらやまれています。が、こんなことを続けるよりきれいに離別したほうがよいと思い、夫に相談しますと「まだ捨てるには惜しいよ」と申します。こんな風に、夫の無情を示すできごとはたくさんあります。

私は幸か不幸か人並みの容貌なので、三十歳になってもまだ十七、八だと噂する人さえあるくらいです。これが災いして、今度独身になると必ずうるさい誘惑があることと思い、そのためぐずぐずして決断せずにいましたが、やはり自分の道を進もうと思うのです。

実はこの二、三年というもの、私は琵琶の稽古をしています。一種の慰安になりますし、これに打ち込んで生きたなら、この上もない幸福に思えます。もう二、三年一生懸命に勉強したら、自分でも一人前の琵琶師になれるかと思います。

人妻として十二年も生活してきた者が、女琵琶師になって世を独身で渡ろうというのはいかがでしょうか。

（落英子）

▼お答え　世間ではよく、ひとつの芸術に魂を打ち込むということを申しますが、あなたは本当にすべてを琵琶に打ち込んで生きることができますか。あなたはこれまで、いつも周囲に動かされて生きてきたように思えます。

こういう人は不幸です。だから今になって、どうにかして自らの要求通りに生きなければたまらなくなったのでしょう。

もしあなたが、いっさいを琵琶に託して生きられるなら、それも悪いことではありません。しかし人間は境遇が変わっても、心からの満足はなかなか得られないものです。それさえ覚悟の上ならどうしようと自由です。また、もしそんな覚悟ができるなら、あなたは琵琶を抱いたまま身持ちの悪い夫のそばで一生暮らしてみることはできませんか。夫のそばにいて思い惑う方は、離れても思い惑うことが多いでしょう。

人間の一生は、必ずしもどうしなければならぬというものではありません。どんな心持ちで生きているか、それが時と所を問わず大切なことです。あなたの触れている問題は、一概にどうこうと断言できることではありませんから、今はただ何かお考えの材料になればと思います。

——この方の夫は、たしかに身持ちが悪く、尽くしようのない人かもしれない。でも、妻のことを愛しているようにも思える。あまりに屈折していてわかりにくいけれど、実家に逃げ帰った

――妻に泣いて詫びるところはかわいげがあるし、「まだ捨てるには惜しいよ」という言葉も照れ隠しの愛情表現ともとれる。いま少し素直に、妻を大事にできるような性格ならよかったのに。

突如として家出した妻

子供ガナイノヲ悩ンデカ原因不明ノママ……

大正十一年（一九二二年）三月二十九日

私は、二年前に妻をめとった二十八歳の労働者です。夫婦仲は円満で、貧しいながら僅かの貯金もでき、一戸を持って愉快に暮らしてきました。ただ、妻は子供ができないため先々を心配していましたが、その度に心配するな、勇気を出せ、と励ましてきました。が、どうしたものか妻は先頃、突如として家出してしまいました。警察の捜索のかいもなく、一カ月以上たつのに見当もつきません。本当に子なき将来を案じてか、あるいは他人に誘惑されてか、いずれにしても夫と家を捨てた女、たとえ行方がわかったとしても、今後安心していられるものではないと思います。先方の親は今後なお行方不明ならば、その妹を後妻にどうかという考えでいるらしく、媒酌人を通して交渉がありました。私としてはどうすべきでしょうか。（Y生）

▼お答え　子供がないのは寂しいに違いないけれど、何もそんなに悲観することはないと思

います。ことに若夫婦のこと、今後絶対に得られぬというわけではないのですから、そんなことが家出の原因とは思えません。きっと何か、あなたに打ち明けかねる事情が細君の身にふりかかったのだろうと推測されます。ともあれ、行方を突き止め、原因をただきなければ軽々と処置するわけにはいきますまい。

娘の行方がわからぬというのに、妹を代わりにあてがうとは、恐れ入った親だが、これでも、不肖の娘の償いをしているつもりなのかもしれない。そんな申し出はさっさと断ればいいものを、わざわざこんなところに相談する男も男だ。しかしまぁ、妹を後妻にしたり、長男の未亡人を弟と結婚させたりする例は江戸時代にもよく見られるので、現代人が思うほど異常な提案ではないのかもしれないけれどね。

環境の闇を突破すべき、どんな力がそこにあるか。
歯がみしてこらえよ、こらえよ、こらえよ。

萩原朔太郎『新しき欲情』——大正十一年

其ノ十二

昔ノ恋人ニ揺レ動ク心

縁談相手に告げ口されて

大正四年（一九一五年）十月十五日

昔ノ男ニイヤガラセヲ受ケル女

私は三十一歳になる女で、ただ今ある学校に奉職している身です。お恥ずかしいことですが、ふとした心得違いから同僚の一青年と並ならぬ関係に陥りました。その後自分の行為を顧みて、我ながら浅ましく恥ずかしく、日々を後悔の念に襲われています。しかし女心の悲しさ、きっぱりとその関係を絶つこともできずにいますと、このほど私の兄の友人で、確実な職業に就いている人から口入れがありました。私は悪いこととは知りながら、罪を隠してさっそく承諾しましたが、心の内では苦悶に耐えませんでした。

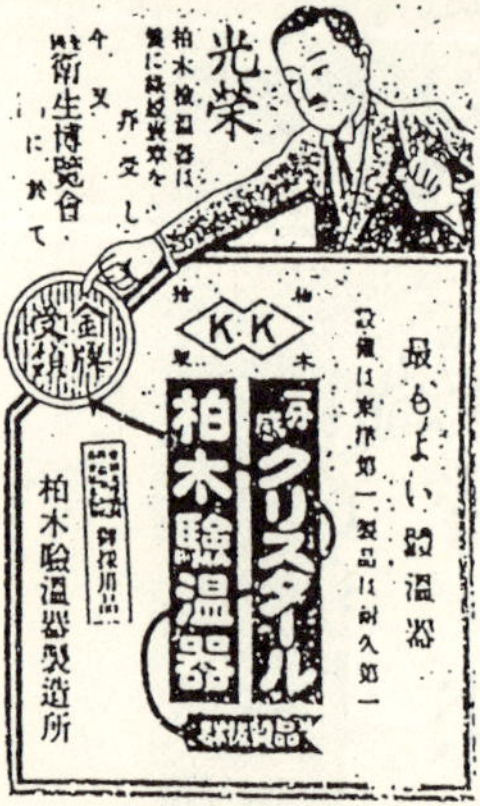

すると縁談を聞いた青年は、自分たちの関係を露骨に私の未来の夫に告げてしまいました。先方ではたいへんに怒って、私に自白せよと迫りましたが、私は良縁を逃すつらさに事実無根であることを強弁しました。けれどもこの胸の苦悶はどうすることもできません。こういう心持ちを抱いて、私は一家の主婦となることができましょうか。それとも罪を告白し、事のなりゆきにまかせるほうがよろしいでしょうか。また、かの青年はしきりに私につきまとって強迫がましい態度に出ております。

私はまことにどうしていいのか困っております。（島の女）

▼**お答え**　あなたの苦悶は、あなたの反省が徹底していないところから来ていると思います。あなたが真にその青年との醜い関係を悔いているならば、むろんあなたを望んだ人に自分から進んで何もかも告白しなければなりません。

そんなことをしたら縁談が破れるだろう、と心配するのは、まだあなたがそれを悔いていない証拠です。腐ったものにどんなに覆いをしたところで、いつかはその臭いが漏れるものです。腐ったものそのものを始末しなければいけません。たとえどんなにその青年が強迫しようとも、あなたに彼と将来をともにする心がないならば、断然その関係を絶たなければなりません。

そして、もしもあなたが真に後悔したのを見て、それでもなおもらってやろうという方があれば、そのときこそあなたはその人の寛大さに感激して、真に妻の道を尽くし、過去の罪を将来の行為によって償わなければなりません。

そのときこそ、あなたは初めて、安らかな心に帰ることができるでしょう。

これほど熱心につきまとうくらいなら、同僚の青年は少なくとも真剣にこの方を想っているように思えるのだが、そうではないのかしら。ふつうここまでバレたら、自分から縁談をあきらめそうなものなのに、良縁だからとこんなに執着するものかしら。女心は実に不可解である。

——記者様も、なかばあきれておられるではないか。しかし、婚期の伸びた今でさえハイミスの心は揺れやすい。三十一歳独身の心は微妙なのだ。

愛のない夫に耐えかねて

昔ノ求婚相手ガ忘レラレナイ人妻

大正六年（一九一七年）九月三日

私は二十一歳の女で、三年前女学校を卒業して半年ばかりたつと、従兄にあたる法学士の某会社員と結婚しました。別に不自由もなく暮らしておりましたが、どういうものかこの頃になって、自分たちの生活がきわめて平々凡々な生活のように思われてなりません。そのため、私は一種の恐怖に襲われます。

と申すのはほかでもありませんが、ちょうど結婚する少しばかり前のことでした。私はある青年から婚約を求められました。その青年は私にひとかたならぬ愛を注いでくれましたが、何を申すも今の夫との婚約がありましたので、すげなく断わってしまい当家へ嫁いだのでございます。

今から考えますと、そもそもこれが私の誤りでした。今の夫は私に対して非常に冷ややかで、愛というものを持っていないようでございます。これまで何度となく私自身の足りないことを反省し、あらんかぎりの力を尽くしてみましたが、どうしても夫の気に入りません。

近頃はいっそう冷淡になりました。

私はつくづく後悔しております。私は何ゆえあれほど迫った青年を捨てたのでしょうか。今になってあの燃えるような瞳が思い出されます。その青年は失恋の結果、今はほとんど自暴自棄の状態になりましたとか。私はいっそのこと夫と別れ、あの青年と結婚しようかと思いますが、いかがなものでしょうか。今の夫はまるで他人のように熱情が枯れ、何ひとつ温かいところがありません。この動機はどこにあるのでしょう。まことに前途が不安でたまりません。

（神戸迷える女）

▼**お答え**　夫婦の仲は、たまにどうしても愛し合うことができないような例もないではないですが、多くの場合はいずれかに申し分があるのです。

その一例を参考までに申しあげます。それは、男子にはいつも何か仕事をしようとする強い欲望があります。家庭の事情やいざこざを離れても、独自な仕事をしあげてみたいという欲望があるのです。その欲望が強い人はそうそう家庭にかまけていられないという状態になり、妻に対しても、世間並みの愛を払うことをおろそかにしがちです。おそらくあなたの夫もそうではありませんか。

もしそういったことでしたら、あなたは自らの心の苦しみと戦い、もっと地味な愛の意義に目覚められることが大切です。愛とは必ずしも焼けつくようなものばかりではありません。大きく深い愛は地味で淡いものです。別れることはいつでもできますから、それまで何度も、この点を反省されることを望みます。

うーむ、まるで〝トレンディ・ドラマ〟のようではありませんか。過去の思い出は日々に美しく、現実の結婚生活はただ色あせゆくのみ。女という生き物は、この時代からすでにしてロマンティックな衝動に弱かったのですね。一人の前途ある青年を自暴自棄に追いやってしまった罪なアタクシ。あぁまるで新派の舞台！　世の男性諸氏、釣った魚にエサをやらないと、いつ妻君に逃げられるかわかりませんぞ。

将来を誓った女に裏切られ……

大正十一年（一九二二年）二月二十七日

見セシメニ報復シテヤリタイト思ウ男

私は専門学校を出て、官省に勤める男です。故郷の父母や親族は、私に妻帯を勧めます。

しかし私は、将来に対する希望と抱負を持っていますので、これらの勧告をいっさい退けて勉強しておりました。

そのうち、たまたま同郷の者で、医者の学校に通っている二十五歳の女と知り合い、お互いに口には言わねど愛し合っていました。女は国もとからたびたび縁談を迫られては閉口し、「理解し合った人と一緒になりたい」などと暗に伝えるので、私も妻帯については考えていた矢先ですから、思いきって一緒になろうと申し出ました。

女はこれを快諾し、三年なり四年なりのちには実現すべく、二人で神に誓い、それまでは会わずに専心努力を続けることを約束しました。

ところが最近その女は、両親が大学出か金満家でなければ嫁にやらないからとの理由で破約を申し込み、私との堅い誓約を無視して、ある軍人と特別の交際を始めました。

それを知って私は少なからず憤慨しています。私は二人の将来のために貯蓄もし、親からの縁談も全部退けていました。半年以上の努力は口にも筆にも尽くせないほどです。

私の今の心理状態は第三者から見れば変態であるかもしれません。しかし相手は相当の教育を受けた知識階級の女ですから、これ以上どんなに世を害するかもしれず、こんな誤った浮き草のような心を持っている多くの若き女の見せしめにいっそのことある報復をしてやろうかと考えています。

穏和主義の解決は好みません。それは私の心をあざむいた解決で、社会はますます恐ろしいものに育まれてゆくと思います。どうぞ、しかるべき方法をお示しください。（悶える男）

▼お答え　軽佻浮薄に流れる現代女子の悪傾向には、常に慨嘆を禁じ得ません。あなたの憤

りも無理からぬことと存じます。しかし、今あなたが一時の憤りのために、不穏な復讐に出ることは、けっして思慮ある新人のとるべき方法ではありません。単に、社会道徳上からではなく、あなたご自身が前途の幸福も何もかもいっさい放棄しなければならないような手段、方法はどの点から見ても合理的とは言えますまい。

あなたは、こんな不貞な女に恋々とせず、今の憤りを善き方面に向け、男子の本領を発揮することにいっそう努力されることを望みます。

「軽佻浮薄に流れる現代女子の悪傾向」云々には内心ドキッ。でも記者様、たしかに相変わらず現代女子は軽佻浮薄ではありますけれど、多少の弁解をお許しいただくなら、昔も今も、女の価値はごく若いうちと限られておりますれば、自分を少しでも高く評価してくれる相手を探すために臨機応変に動かずにはいられないのであります。「悶える男」様、悠長に構えすぎたあなたもいけない。男のあなたはまだ将来がある。哀れな女よ、ときっぱりお忘れなさい。

妻への不満と姪への思慕

嫁ニ行ッタ妻ノ姪ガ忘レラレナイ男

大正十一年（一九二二年）七月十一日

私は三十歳になる地方の一農夫で、六年前に妻を迎え二人の子の親となりました。しかし、この結婚は近親からほとんど無理強いされたためで、妻に対しての不平不満は日を追っていよいよ深まってゆきます。が、妻は愛情をもって従順に仕えてくれるので、不満足を抑えて離婚もいたさずにいます。

ところで、妻には今年二十二歳の姪があり、私は早くからこれに恋していました。彼女もまた私のすべてを理解してくれていましたが、昨年の春、他家に嫁いでいきました。

それ以来、私は妻に対する不満と、彼女への失恋とに日夜焦燥と煩悶を続け、家業も手につかず、肉体も衰弱するほどになっています。妻も、私と彼女との恋愛については同情しているくらいで、「気の毒だ」と言っています。

私は、後半生を失恋のまま生きねばならないのでしょうか。それは死に勝る苦痛です。いっそ世間の義理も道理も無視して、妻を離別し、人妻を奪おうかとも思いますがどんなものでしょうか。

私が妻に不満な理由は、第一に身体が弱く、とうてい農家の主婦に適さないことと、裁縫もできないくらいの不器用者であるためで、とても姪とは比較になりません。どうぞ私のとるべき道をお教えください。

（静岡の一農夫）

▼**お答え**　これは真面目な質問か冷やかしか、真面目なようにも冷やかしのようにも思われますけれど、心からお尋ねになるものとして、お答えしましょう。

ひと言で申せば、妻を離別するなどということは絶対にいけません。その理由はことさら説明しなくても常識ある人ならただちに会得できましょう。

無理強いの結婚といっても、六年間同棲を続け、二人の愛児まである夫婦であり、しかもあなたの不平不満は農夫の主婦に適せぬとか、裁縫が不得手などというきわめて些細なことで欠点というほどのものでなく、ことに従順の美点を備えている妻に、ただ感情の馳せるまま離別しようなどと言うとははなはだしい罪悪と言わねばなりません。

恋愛は自由ですが、すでに人妻となっている女と相互重婚を敢行するなど、考えるだけでも恐ろしいことです。

妻の姪はたぶん若い女性にありがちな一時の感傷を恋と錯覚したのだろう。今では人妻として落ち着いているに違いない。しかし妻の方は、案外心底から夫に顧みられることのない我が身への満たされぬ思いをどうせ人妻を奪う意気地などない夫への哀れみにすりかえているのかもしれない。そうして、結局この夫婦は一生添い遂げるのではないだろうか。多少の屈折はあるが、男女の仲は、ことほどさように複雑怪奇な因縁で結ばれるのだろう。

結婚後に来た恋人からの手紙

四年間モ音沙汰ナカッタ人ナノニ……

大正四年（一九一五年）九月七日

私は女学校卒業後、間もなくある青年と将来の約束までしました。が、両方の父母の許可がないため別れ、互いに消息も知らず四年を過ごしました。

その間、多くの縁談も断わりいろいろ技芸を学んでおりましたが、両親や兄姉から薄情な男子をいつまでも待つよりは、しかるべき人のもとに嫁ぐように説得され、去る三月に嫁ぎました。夫も親切にしてくれますし、私も誠心をもって仕え、実に幸福な家庭を作っています。

ところが、前の青年が私の結婚を知らぬのか突然手紙を寄こして、昔の愛の変わらぬことや、今は成功の途についたから同棲したいと申してまいりました。

私は何と返事をしたらよいか、その青年にも申しわけなく、いっそ独身生活を送ろうかと思ったり、またあるときは恐ろしい決心さえ浮かびます。しかしながら、両親の愛、夫の情が身にまつわって決心も鈍り、日夜煩悶しながら一カ月余を送っています。（花沢）

▼**お答え**　そういうことになったのは、今さらしかたがありません。その青年にすべての事情やあなたの心を打ち明けて、思い切らせるのがよいでしょう。青年も必ず男らしくあなたを許すでしょう。

許すことができずにぐずぐず言うようでしたら取るに足らぬ男ですから、捨てておいて差しつかえありません。

おっと、また世にもドラマティックな事態である。ただし、この人は、すでに人妻として満ち足りているだけあって、過去の恋人への未練を募らせているわけではなさそうだ。ただ申し

――わけなさから戸惑っているだけだろう。恋人に捨てられ、あてつけで他の男と結婚して不幸になる女もいるというのに、この人は幸せ者だ。昔の恋人は実にお気の毒だが、年頃の女性を長い間放っておいたのが悪かったんだね。

あの女は決して盗みをしない。
これは素直に信じられても、
あの女は決して不義を働かない、
この方は信じても信じても
何か滓《かす》のようなものが残った。

志賀直哉『暗夜行路』——大正十年

其ノ十二

主義主張ニ生キル人ノ苦悶

祭の費用を払わぬ夫

町内ノ人ニ憎マレタクナイ妻　大正五年（一九一六年）七月三十一日

私どものいる小さな町では、来月鎮守の祭礼があります。その費用だといって、五十銭を町の世話人から私の家へ割り当ててまいりました。
ところが夫は、そんなものは出さぬ、強いて欲しければ訴えて公売処分でも財産の差し押さえでもするように言えと、けんもほろろに申します。
そんなことを言うと町の人に憎まれますからそっと出しておこうと思うのですが、もし後になって夫に知れますと、変人だからどんなに怒るかもしれません。いったいどうしたらいいのでしょうか。　（田舎町の女）

▼お答え　地方では、こういう一種の納税というべきものが多く、農民などは公の税に苦しまずとも、寄付金とか会費とかの情実的な出金に悩んでいるようです。
真正面から言えば、むろん法律によらない納税の義務はないのですから、納めずとも強制することはできません。が、反抗すると、他のことで復讐されますから、やむを得ず出すことになるのです。

夫さんは、率先してそれらの弊害を矯正なさろうとするのかもしれません。夫さんの考えをよくおただしになって、眼前の利益を説いておなだめになるなり、また夫さんを助けて利害を顧みず町の弊害に反抗するなり、いずれとも態度をお決めになるのがよいでしょう。

ご近所づきあいと変屈な夫の板ばさみになって苦しむ「田舎町の女」さん、あなたもご苦労が多いですね。でも現代も似たようなもんですよ。近所だけでなく、職場、子どもの学校、あらゆるところに不合理な「ムラ」意識が残り、おまけに一億総中流なんて幻想が生まれてしまったもんですから、ほしくもない一戸建てだのブランド品だの、足並みを揃えるのにキュウキュウです。みんなが変人になるといいのですがね。

娘にも男子並みの学問を

嫁ニ出スノガ幸セカ悩ム父親

大正四年（一九一五年）四月十四日

私には女学校に入ったばかりの娘があります。将来はぜひ、一技一芸で身を立て、経済的に独立できる者にしてやりたいと思っています。

娘は幸いに学校の成績はごく良好ゆえ、将来、好む学科を専門に研究させたく思います。他の娘たちがお琴だお茶だといっている間にも、英語のひとつもよけいに覚えさせたい。それゆえ、家事の手伝いもあまりさせる気にはなりません。

自然と男の子並みに育てるようになり、私はそれでもかまわぬと思いますが、非難する人もあります。その人は、そのように教育すれば二十四、五まで結婚もできず、またそれはよいとしても、苦心して修めた学問とて結婚後どれだけの利益があるか、むしろ女らしく育ててきれいにしてお嫁にやったほうがよい、というのです。
あるいはそれが幸福かもしれませんが、私にはどうしてもそうはできないのです。

（その父）

▼お答え　お考えには、しごく賛成です。今時の親たちが皆あなたのようなお考えを持っていたら、娘たちが将来どんなに幸福かしれません。結婚後も、離縁になったり夫に先立たれたりして、いつ何時、独立せねばならぬかもしれません。これからの婦人は一技一芸を修めた者でなければ良妻賢母にはなれぬと思います。

大正時代のお父さんがこんなに進んでいたなんて。私はうれしくなっちゃいました。なかには進歩的な親に反発してやたら保守的になる子どももいるようですが、結局、子どもは親を選んで生まれてくるわけじゃないんですから、親がよかれと思うように育てればいいのではないでしょうか。ましてお嬢さんも望んでいることですし。女の子並みに細やかで偏見のない男性と結婚すればきっと幸福な家庭になりますよ。

弱い者いじめの世間に復讐を

才能ナキ者デモ筆ノ力デ見返セルカ?

大正八年（一九一九年）四月五日

私は、弱い者いじめの世間に対し、憤懣の情に耐えぬ者であります。どうかして彼らに復讐したいと思いますが、金はもちろん、才能においてもすべて私に弱みがありますので、彼らの横暴な圧迫にも泣き寝入りせねばなりません。どうかして彼らを心の底から驚かすような痛快な復讐をしたい。それには筆の力をもって自分の心を表し、正義を主張するのがいちばん望ましいと思います。私ごとき才能のない者は、たとえ一心になって勉強しても筆の人となることは望めないのでしょうか。私にはそういう素質はないのでしょうか。（弱き者）

▼お答え　「汝自らを知れ」という古語がありますが、あなたに文芸の素質があるかどうかは、あなた自身にしかわからない。「私は腹が痛いでしょうか」と他人に聞いてもわからぬようなものです。

社会があなたをいじめるそうですが、社会

は鏡のようなものです。あなたがニコニコしていれば鏡はあなたを歓迎しているように見えますし、あなたが怒った顔をしていれば鏡はあなたを怒っているように見えます。社会に対して復讐すると言いますが、それは自己に向かって復讐することでしょう。

あなたが立派に修養して偉くなりさえすれば、社会はあなたを歓迎し、べつに復讐する必要もなくなるでしょう。


この方の問題は、復讐の方法まで決めているくせに、つい他人にその是非を確認せずにはいられない気の弱さにあると思われる。才能がないなんて言ってるひまがあったら、つべこべ言わずに努力しなさい。そうやっていつも弱気だから、よけいに弱い者いじめに遭うのだと思うけどなぁ。痛快な復讐、おおいにけっこう。お金を稼ぐもよし、筆の人（この言い方は面白い！）をめざすもよし。頑張って〝彼ら〟を見返しなさい。

親友の妹が品性を汚されて

下宿人ノ影響ヲ受ケル少女ヲ放ッテオケナイ

大正四年（一九一五年）八月十八日

親友の妹に十四歳の少女がいます。父が早く逝き、母の手で育てられ尋常小学校だけは卒業しました。

生来は善良な女児でした。が、下宿人たちが活動写真に連れて行ったり、手とり足とりふざけ散らしたり、また新聞雑誌の小説を読み耽ったりと、実に深憂すべき、品性の危機に瀕しています。

私は黙視するにしのびません。

親友の家庭は、今は零落していますが由緒ある武士の流れで、いっそうその家系を思ってやまないのです。

世間にはこんな危険な状態にある子女が多いと思いますが、こういう子女を善良に導くためには、どんな書物が適当でしょうか。（さむらい）

▼お答え　素人下宿には、そういう悲劇がたくさんあると存じます。下宿人を置いたために、娘の品性や素行が悪くなる場合があることを注意していただきたいものです。

その娘を改悛させることは難しいでしょうが、お友だちに忠告し、不実な学生を断って善良な学生を置くようにしたらいくぶんか良い結果となりましょう。

書物は死物です。読む人の心によって初めて活物となるのですから、どんな良書を選んだところで、当人が読まねば、とうていだめです。

教育主義の気風が濃いこの時代は、このお便り以外でも頻繁に書物を読むことによって何かが解決されるという信仰が見られ、興味深い。メディアとしての活字にいかに力があったかがわかる。活字をなりわいとする記者様はさすがにその限界をわきまえているのだが。ところで、

——正義感に燃えるこの青年は、本人が自覚していないところで親友の妹に惹かれているらしいと思われるのは平成人の邪推かな。

葬式はどんな型で？

キリスト教トハ決別シ他宗教ニモ不満アリ

大正七年（一九一八年）六月一日

父は田舎町の教会の長老として、かなり長い間キリスト教に深い関係をもっていたのですが、数年前ふとしたことからその関係をまったく絶ってしまいました。それには種々の原因がありますが、牧師と仲が良くなかったのが主な原因です。父も偏屈な男でしたが、牧師も気味の悪い人でした。そんな関係から私どもに宗教的精神がなくなったのかもしれません。

しかし現今の宗教には、ひとつとして心から帰依し得るものはないように思われます。何の宗教でも根本義はありがたいものでしょうが、その儀式や説き方に対して不満を抱いています。キリスト教に対してすらそうですから、他宗教にはもちろん信者となることはできません。

ところが、近いうちに私の家で宗教的儀式を挙げねばならぬ事実が迫っています。すべての宗教から離れた私どもは、いかなる方法によって葬式を営んだらよいでしょうか。世にいう、告別式などという型で冷やかな心で芝居じみたことをするのは耐えられません。

（心配生）

▼お答え　今日の多くの人々が、信仰心もなく、信じてもいない形式で葬式をして平気でいるということは、生活の中にしばしば見出されることです。

これは信仰の是非を云々する種にはなりませんが、少なくともそんな矛盾した生活をしている人々がどうしたらよいかに思い当たったら、ほんとうの宗教的信仰に到達することもできましょう。と同時に葬式の型も、おのずから独創的にならなければと思います。

しかし、生活には生きる者の問題が残っていますので、勢い死者に対する取り扱い方を案出する余裕がないのかもしれません。世間の思想が徹底的になる時が来たら、仏式が神道式か、それともキリスト教式か、型にはまってくることでしょう。今は特殊な人々によって、折々風変わりな型の葬式が行われているばかりです。将来はどう変わっていくか、見ものでしょう。

記者がこの二、三年に見た風変わりな葬式は、さる著名な女史のものでした。焼香の代わりにたいまつをたいたので、紅蓮の炎の中にまっ白なお棺が見え隠れしていたのを覚えています。

要するに、どういう形式を取るかは本人の信仰次第です。

今日の多少の人々は、信仰心もなく、信じてもいない形式で葬式を行うことに疑問を抱き始めたようだ。個人葬、友人葬、お墓をつくらず遺灰を海や川に流す〝自然葬〟……。現代はとりわけ墓地問題が深刻なのだから、みんな自然葬にしてしまえばすっきりするのに、とも思うが、それだってお葬式の問題は残る。そろそろ無宗教・自由形式の葬儀をプロデュースしてくれる専門代行業者が現れるんじゃないだろうか。

女中への忠告が仇に

主人ノ目ヲ盗ンデ文通シテイタノヲ忠告シタ男

大正六年（一九一七年）七月一日

私は二十六歳で、某紳士の家で書生をしている者です。この家のひとりの女中が、主人の目をしのんで近所の男と文通していたのを、私が見かねて忠告いたしました。もうひとりの女中もうすうすは知っていたのだそうですが、私は自分の信ずる宗教の立場から、そんな人を救ってやるつもりで密かに忠告したわけであります。

ところが、その女中は私のことを相手に告げたとみえ、その男が何かと私の悪口を言います。私は意外なことだと思いましたが、もうこれ以上忠告することはないと思い「もしおまえたちが私を曲解するならおまえたちのことはいちおう主人の耳へ入れておく」と申しました。

それから間もなくその女は主家を去り、ほうぼうへ行っては、私のことをあることないことさんざんに悪く言うとかで、その女の家の者が主家へ来て告げ口いたしました。

それ以来、主人の心と隔たりができたようで、主人の態度が何となく気になります。思い切ってこの家を逃げ出そうかと思いますが、それでは私が永久に悪者に見られるのが残念です。そうかといって、お互いにいやな思いをしあうのもたまりません。（杉の木）

▼お答え　もちろん、あなたを中傷する女中のほうが悪いに決まっていますが、女中のそうした行いを忠告だの何だのとおこがましく言うことは考えものだったのです。

あなたのお心が緊張していたら、女中のことなど考える余裕はないはずです。他人のことがむやみと気になるのはあまりほめたことではありません。そんな場合、人は多くよけいなおせっかいをするものだと思います。その女中もそう思ったのでしょう。

もし先方の中傷を気にするぐらいなら、けっして他人におせっかいをするものではありません。
それとも、言わなくては耐えられないことだったら、どこまでもそんな中傷くらいで気をもんではいけません。そしらぬ顔でいたほうがましです。
あなたはまだ若い。そんな女中などのことに関係して気をもむのは馬鹿馬鹿しいじゃありませんか。

この時代の青年はどうもおせっかいな人が多いようだ。考えてもごらん、現代の学生が若い女性に何かを忠告することなどあるだろうか。そんなことをしようものなら反対にやりこめられるのが関の山。実際、大正時代の書生さんもこうして女中さんに反撃されたわけだ。少なくとも現代の青年は、若い女の扱いに関しては進歩したのかもしれないね。女子社員に手を焼くオジサンたちはこの青年の気持ちがわかるかも。

看護婦の品性をただしたい

良カレト思イ忠告シタノガ裏目ニ出テ……

大正四年（一九一五年）一月二十二日

私は、ある病院へ入院中の学生です。二人の看護婦が親切に世話してくれていましたが、悲しいかな品性がどうも良くないのです。親切にしてもらったご恩返しに、その品性を直してやりたいと思い次のような方法をとりました。

私は、日記を面白く書いて毎日読んで聞かせていましたが、ある日その中に、人間は品性が最も大切であると述べ、二人の行為の悪い実例を二、三記し、改めてもらいたいと書いておきました。

その日は読んで聞かせず、日記を病室に置いて外へ出ました。帰ると案の定読んだようで、その日の分だけ二枚足りません。引き裂いてしまったのでしょう。

以降、二人はうって変わってろくに物も言いません。私の計画は水の泡となり、面白くない日を送っています。私は間違っていたのでしょうか。（岡山にてW生）

▼お答え　動機はたいへん良いのですが、手段が悪かったのです。卑劣に見えないでもありません。二人の品性を真に直してあげるためには、面と向かって真心こめて訓戒するがよろしい。否、訓戒するばかりでなく、あなた自身の品性の立派な実例を二人に見せて、知らず知らずそれを感化させねばいけません。

——またしてもおせっかい男！　とても真面目な相談とは思えないが、本人は大真面目だ。どう

してぬけぬけと他人の品性を直してやりたいなどという発想が出てくるのかというと、当時の学生には知識層としての自覚があるからなのだ。無知蒙昧な婦女子の教育はインテリゲンチャたる大学生の務めである。と、彼らは本気で信じていた。そう思うと、「W生」さんも、なかなかかわいげのある青年ではないか。相手が悪かったけど。

小魚をとる積もりで川へ出て、
大きな鯉を見付けて
それをとりたいと思っても、
小さい竿では折れるばかりだ。

梶井基次郎『河岸―一幕―』――大正十二年

其ノ十三

〝バツイチ〟ノ戸惑イ

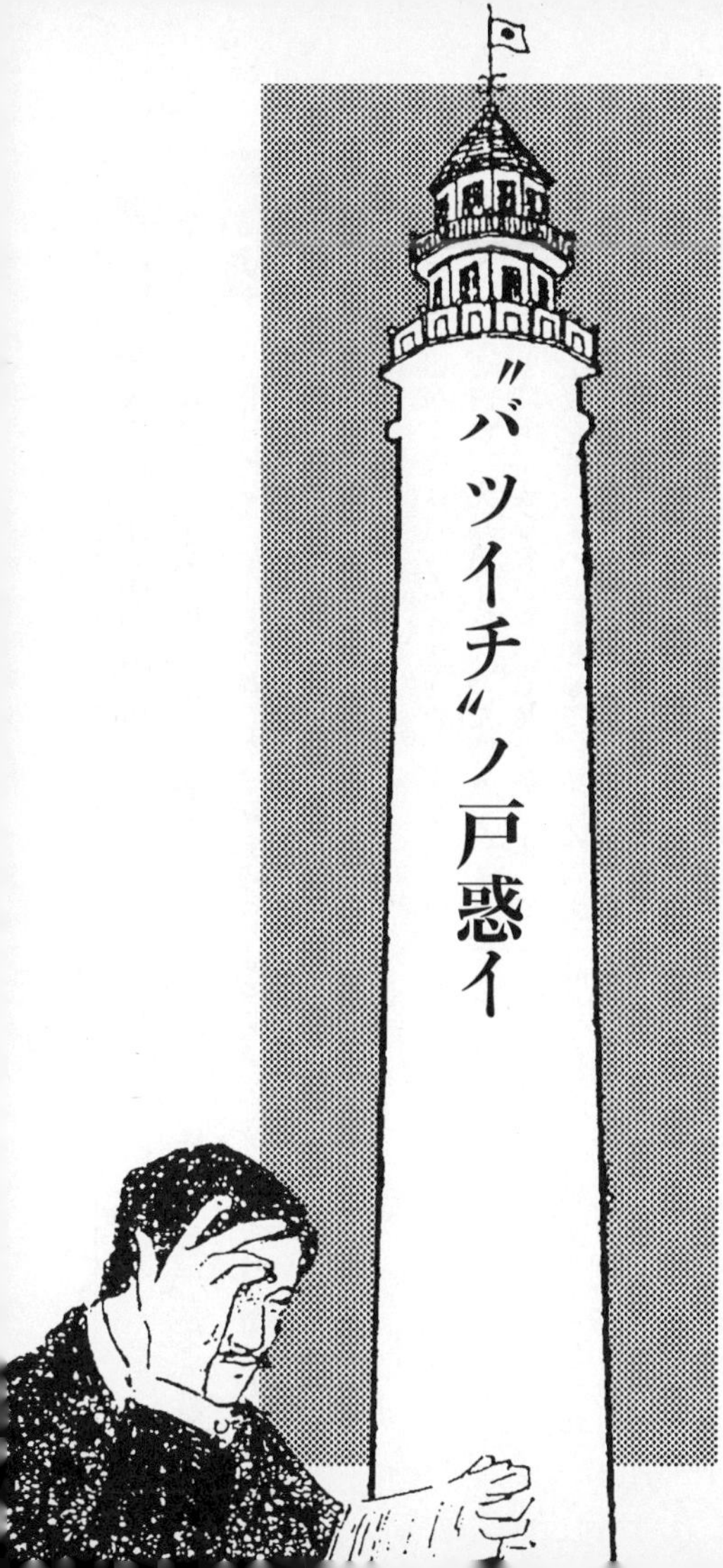

妻に恵まれず男泣き

先妻ハ不貞デ離婚、今度ノ相手ニハ先約ガ……

大正四年（一九一五年）七月五日

二十三歳、芸を教える者です。妻を持ったところ、不幸にも不貞な者であったことがわかり離婚し、その後にもらおうとした女も結婚の三、四日前に同じく不貞の事実を発見して、だんぜん拒絶しました。こうも妻に不幸かと、お恥ずかしながら男泣きに泣きました。

私はまだ若いから妻はいらぬと言うのですが、老いた母がぜひにと申します。そうこうする内に、先月弟子に入った婦人で、これならと思う者がありました。尋ねてみると、もはや先に申し込む者があって父母が承知してしまったそうです。

私はもう一生妻を持つまいと決心して、諸所から来る縁談を皆断っています。それを見て、女は申し訳ないから自分も独身で暮らすと申すのです。私もいっそ草深きお寺へでも奉公しようと思いますが、いかがでしょうか。（煩悶生）

▼**お答え**　先方の両親に頼んでみたらどうです。先約がそれほど堅いものではないかもしれません。だめだったらお寺に奉公なさるのも良い。いや、お寺に奉公できるほどの心がけがあれば、どんな苦しいことでもしのべるはずです。それゆえ寺に奉公したつもりで、とうぶん独身であなたの芸道を磨いたらどうでしょう。

男泣きに泣く「煩悶生」さんはたしかにお気の毒ですが、ちょいと待ってくださいよ。ここで問題になっている「不貞」とは、早い話が処女ではなかったということで、必ずしもこの人と婚約中ないし結婚後に浮気をしたわけではないのです。初婚の折はともかく、バツイチの身でそんなことにこだわるなよと言いたくなりますが、平成人にはわからない心情なんでしょう。でも不貞にこだわる人ほど妻に恵まれないようですね。

再婚後も亡き妻が忘れられない

大正四年（一九一五年）八月二十四日

後ヲ追ウコトサエ思ッタ夫

私は、二十七歳の男子です。三年ほど前に十九歳の女と共稼ぎで新所帯を持ち、昨年一月男子をもうけましたが、ふとした病気から、妻は昨年九月帰らぬ旅に出ました。

それからは、思うまいとしますがどうしても妻のことが思い出されてなりません。忘れるようにと、二度めの妻をもらいましたがなお忘れることができないのです。

今日、亡き妻の里にまいりましたら、彼女が十一歳と十五歳のときの写真を見せられ、今にも口をききそうな顔を見て後を追おうとさえ思い詰めました。が、男子たるべき道ならずと思い直してみましたけれど、どうしても忘れることができず商売も手につきません。弱き男と叱らず、何とぞ良き道をお教えください。

（弱き男）

▼**お答え**　あなたのようにやさしい心の方がいることをうれしく思います。*紅葉山人の『多情多恨』の主人公を見るような気がします。亡き人をお思いになることはそれほど悪いことではありませんから、努めて忘れる必要はありますまい。自然のなりゆきにまかせて、今度の奥様を亡き人と思って愛しておやりなさい。

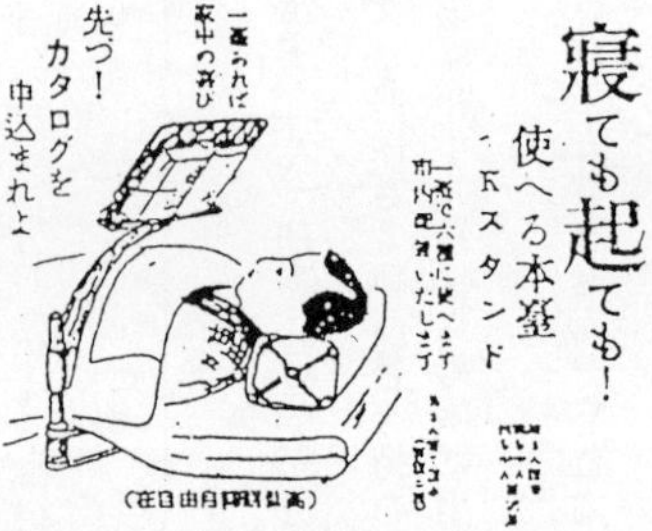

映画『めぐり逢えたら』のトム・ハンクスを思い出してしまった。ラジオの人生相談で「亡き妻を想って夜も寝られない」と切々と語る彼に、アメリカ中の女性が感動。その一人メグ・ライアンは彼がどうしても忘れられず婚約を破棄して、とうとう最後に彼とめぐり逢えるっていう話だ。この人も後妻に愛情を持てるようになるといいけどね。

*「紅葉山人」とは尾崎紅葉のこと。「多情多恨」は一八九六（明治二十九）年に発表。

別れた妻と復縁を？

離縁シタ妻ガ私ヲ頼ッテ現ワレタ……

大正六年（一九一七年）十二月六日

今から三年前、当時私は二十八歳で、引き続いた放浪生活に疲れ友人宅の二階を借りていました。

ちょうどその頃、結婚話が持ちあがり、先方は多少資産のある家の二十二歳の娘で、私とは不釣り合いでしたがもらうことに決めたのでした。

その女はただ従順な、一枚の長襦袢を仕立てるのに半月も費やすような鈍い女で、私どものような共同生活を要する家庭には不向きでした。

私の両親はこの低能な妻の動作が目だるくて見ていられなかったと見え、小言ばかり言っていました。それを妻が告げ口したようで、里の母親がしきりと私に、両親とは別居するよう勧めました。

これが私の両親の耳に入り、舅姑に仕えるのをいやがるような嫁は、というのでついに昨年十一月離縁しました。

これまでの間、女児が生まれましたがすぐに亡くなっています。

ところが本年の四月、突然その女が勤め先を訪ねて来ました。今度子供が五人もいる人の後妻に行かなくてはならなくなり、逃げて来たからこの通り一緒になってくれ、というのです。私もかわいそうになり、そのまま引き留めていました。

すると十月に女の母親がやって来て、無理に本人を連れ帰りました。女は今さらに監禁同様の身となっています。

両親と里の親たちは互いに反目していますので、話はまとまりそうもありません。女はどうかして私と二人で別に家庭を持ちたい、と思っているそうです。私はこのまま、さらによそから第二の妻を迎えてもよいでしょうか。実は女は、目下妊娠中なのです。

女は自分の生命が貞操にあるという信条を持ち、離縁されて帰っている間も亡き愛児の墓参よりほかはしなかったのです。これは同情に値すると存じます。

この女を救う道はすぐ開けましょうが、なんらとるところのない女のために親の意思に反せねばならぬことになります。どうしたらよいのでしょうか。（無名男）

▼**お答え**　これはあなたが悪い。

もともと不釣り合いと知りながらこんなことをしておき、この質問は何のことです。自ら犯した罪は、自ら償わなければなりません。

まずあなたは、父母に背いても胎児に対して責任をお持ちなさい。そしてできるなら再び同棲して、父母と別居する方針を立てたらよいでしょう。

だいたい妻に対する心持ちを、差し出がましき父母の言動によって左右するのはよくないことです。舅姑たるものは、できるだけ干渉を避けてほしいと思います。「長襦袢を縫うのに半月かかる」とか、鈍い女、目だるい女という意味は想像できますが、あなたがそもそもにおいて釣り合わぬと思われたのと同じ意味で、あなたの一家と細君の一家の生活状態は違ったものなのでしょう。悠長な習慣は月日をかければ直ります。

あなたの暮らしは今や非常にすさんでいると思われます。とにかく、生活に余裕を見出すことのできるようにお稼ぎなさい。そして、すさんだ心を和らげねばなりません。女が鈍いばかりではない。男が意気地のない場合にこんな悲劇が生じるのです。一度離縁した女でさえもあなたは何の思慮もなく再び同棲したではありませんか。そして、亡き愛児の墓参を仕事のようにしていた細君の可憐な心情に打たれたではありませんか。よくよく反省されることを希望いたします。

〝目だるい〟なる表現が面白い。あまりにぐずぐずしていて見ているだけでも不快だ、といった意味だろうか。それにしても、〝目だるい〟からと離縁されたんじゃやたまらない。せかせかと気ぜわしい一家のオアシスになれたかもしれないのに。もっとも、かくいう私はせっかちな姑タイプ。記者様のご指摘どおり、自分がイライラする時はつい〝目だるい〟人にあたりたくなるので、以後心して気をつけたいと思います。

再婚に迷う厄年の迷信家

良イ縁談ダガ年回リガ悪イトワカリ……

大正七年（一九一八年）四月五日

私は二十二歳になる男で、神経質かつ強度の迷信家です。二十歳のとき妻をもらいましたが昨年死別しました。

数日前しきりと勧める人があり、両親も賛成する新しい縁談が起こりました。先方は相当の資産家で、かなりの教育も受け、容貌といい性格といい、まことに申し分のない良縁です。

私自身もなんら異議はないのですが、先日ふと易断の書物を読みましたところ、二十二歳の者は「四厄重惑」といって、その年は新事業や縁組などは避けるべし、もしこの厄年に結婚すれば死別もしくは身代限りをする、とありました。

それ以来というもの、私の心は鬱々として楽しみません。

愚かなことと知りながら、私は迷信に負けてしまうのです。

一度災難があると聞いた以上、その方向に向かっているといろいろなことが気になります。事実、なんらかの災難に遭遇することは、私の貧しい経験でもしばしばあることです。

こういう性質の私は当面の結婚問題をどう処理したものでしょうか。

まとまりつつある縁談を破れば、老親に対して申し訳がありません。

すでに老衰した母は日々の炊事にすら苦痛を訴えるほどなので、一日も早く私の結婚を望んでいます。

来年まで延期したらと言う人がありますが、その間に母にもしものことがあったらなおさら不幸になりますので、どうしても今年中にまとめたいと思います。しかし、易のことが……。

（福岡の人）

▼お答え　自ら「迷信家」というあなたに今さら何を言ってもしかたありません。しかしあえて申すなら、結婚問題よりも大きな、しかも根本的な問題にあなたはふれているのです。それはすなわち、自己改造の問題です。迷信だと知りながら、それでもなお信じようとするあなた自身の改造です。

人間は何よりも、自らの意志を尊重し、これを信頼することが大切です。厄年について今日の科学はいまだ何の解決も与えていませんが、そのために災難に合ったとて、何の責任も感じなくてよいのです。厄年にはそれほどの価値しかなく、そんな迷信は突破したってよいのです。それよりも意欲の向かうところに進むのが、人間らしい考え方です。

祖先の財産によって万事控えめに生きていこうとしているあなたとしては、こんな理屈は何の役にも立たないかもしれません。が、実は日頃の生活が、あなたにとって恐ろしい運命観を持たせる不幸の大なるものだと思います。

もっと裸一貫の気分で、赤裸に自分の姿を顧みたなら、今の疑いなどおもむろに氷解することと思います。

自ら「神経質かつ強度の迷信家」と称するこの方に迷信を捨てよと言うのはちょっと酷というもの。ふと読んだ易断の書物に結婚はいけないと書いてあったのも、あながち偶然ではなく、ある種の啓示かもしれない。今日の科学は、むしろこのような偶然にさえ積極的に光を当てようとしております。少なくとも自分で判断がつかないような場合は、迷信でも虫の知らせでも

—信じると決めるのが合理的な方法でしょう。

男女間の友情を信じた女

親友ト思ッテイタ男ガ結婚シテ疎遠ニ……

大正六年（一九一七年）三月二十日

私は、三十歳になろうとする不幸な寡婦です。二、三年前、ある機会からひとりの頼もしい男の親友を得て、それ以来、兄弟以上に助け合い、慰め合い、力となり合ってきました。けれど二人の間には忌まわしき関係などはなく、まったく純潔な交際でした。世間の人は私たちがあまりにも睦まじいのに誤解を抱きましたが、二人はそれに屈することなく、生涯を通じてますます清き交際を続けようと堅く約束をしてきました。

しかしその後、平生あんなに口にしていた約束を空言にして、その人は私との交際を捨ててしまったのです。私は気も心もがっかりして、その人の無情を恨みました。

地位も名誉も前途もあるような人が、妻帯したからといって、今まで美しく交わってきた者をそんな風に顧みなくなるということが、この社会では当然なのでしょうか。

結婚したら、今まで頼りに思ってきた者を夫妻でますます助けるのが本当ではないでしょうか。

いったいどちらが本当か、ぜひご判断をお聞かせください。

（横浜悩める女）

▼お答え　無二の親友と信じていた方が、しかるべき理由もなく友情を棄てたことに対する腹立ちは、ごもっともだと同情します。信じていた者に背かれるということは何にもまして悲しいことですから。

しかし、あなたから見ればしかるべき理由はないのですが、先方にはどんな理由があるかもしれません。

人の心持ちは単純と同時に複雑な、一口には言えないものですから。

もし、あなたのいうように結婚にその理由があるとするならば、その方は細君に対する気兼ねからあなたとの交際を避けたのでしょう。

すなわち、その方はあなたとの交際によって得る喜びよりも、細君への気兼ねに対して失うもののほうが多いと思ったのです。

言いかえると、結婚のために友情を葬ったのでしょう。

面白みの少ない者から多い者のほうへ移っていくということは、棄てられる者からは恨めしいことですが、移っていく人自身は余儀ないことだと思うでしょう。

移らない友情というのはきわめて少数の人にして初めてできることで、だれにでも求めることはできないでしょう。

さらにまた、あなたは立派だと思っていたその人も、利害のためには動かされる人で、それほど見上げた人ではなかったのかもしれません。

また、あなた方の友情にしても、何物にも代えられないというほど、男のほうには強いものではなかったのかもしれません。

あなたが男の方に望む友情は、得られれば幸いですが、やや理想に傾いたもののようです。したがって正不正を言い立てるほどのことではないかと思います。

たしかに、結婚すると異性の友人を持てなくなるのでは、ちょっと寂しい。でもやっぱり、新婚のうちはそっとしておくべきだろうなぁ。夫婦の信頼関係がきちんとできてからなら、奥さんにも紹介してもらって、家族ぐるみでつきあえば問題ないんじゃないだろうか。あまりに「清き交際」を強調されると、ついつい本当は心の底でそれ以上を期待していて、相手の男がそれに気づいたのでは、と邪推したくもなるが。

せっかくの後妻が病弱で……

先妻ニ先立タレ後妻ガ肺病ニ倒レタ男ノ嘆キ

大正四年（一九一五年）七月十四日

私はある下級会社員です。昨年、四歳になる女児を残して妻に死なれ一時は途方に暮れましたが、私の姉が寡婦となったものですから、子供の世話やら家の面倒を見てくれていました。

ところで近所に裁縫の師匠がおりまして、私より二つ年上ですが気質もよく、また子供がときどき行っては可愛がってもらうというのが縁となり、ある人の世話で本年春、後妻にもらい受けました。

しかるに、来て二カ月めから呼吸器病にかかって、今は大学病院の施療患者として入院中です。医師が申すにはこの病気は今に始まったものではなく、とうてい全治しないし、また少しよくなって退院しても同棲は断じてよくない、転地でもさせなくては、とのことです。

私にはそんな余裕もなく、また子供の養育をと頼みに思っていた者がそんな風では、行く末など考えますとどうしてよいやら煩悶に耐えないのです。私のとるべき道をお教えください。

（煩悶生）

▼**お答え**　調べもせずに結婚すると、そういう災難を招くようになります。離縁せずとも、ひとまず、結婚前のように別居したらどうでしょう。もちろんお子さんたちに伝染せぬように注意しなければなりません。転地療養などできない相談をしたところでしかたありませんが、できるだけ養生させておやりなさいませ。

この方も大変お気の毒ではあるけれど、後妻の身を案じるそぶりがまるでないのが、ちょっと気にかかる。まるで、子供の養育をみてもらうためだけに妻にしたみたいではないか。治療の費用ばかり気にして、記者様のお許しがあればすぐにでも離婚したいと言わんばかり。こんなに情の薄い夫だから、妻が病気になるんではないかとつい勘ぐってしまう。ま、ご本人がまずお祓いでもしてもらって、少し反省するんですね。

綺麗な靴を穿いていた者は
心してぬかるみをよける。
だが、一旦靴が泥にそまると、
だんだん泥濘《ぬかるみ》を恐れなくなる。

長与善郎『青銅の基督』——大正十一年

其ノ十四

道ナラヌ恋ノ悶エ

信頼を裏切った罪深い私

結婚ノ資格ガナイ私ハ慈善事業ニ生キルベキカ

大正十一年（一九二二年）八月四日

私は三年前に上京し、ある家庭に身を寄せていました。その家の奥様は、人格もあり人並みはずれて厳格な方で、私のこともとても信頼してくださっていました。

ところが、私は何て意志の弱い女でございましょう。一年ほど前から、悪いこととは思いながらも、その家のある方と妙な関係に落ちてしまったのです。

そのことがこの頃になって奥様にわかってしまったため、たいへんご立腹になりました。そして、とうとう私は国へ帰されることになりました。

奥様は「おまえは、国に帰ってさっさとお嫁に行け」と言われ、私自身もまた、そうするのが奥様へのお詫びになると思って承知をいたし、帰国しました。

国に帰ってみますと、親や兄弟からも罪を責められます。

私も本当に悪いことをしたのだと思って、自分の罪を悔いております。

けれども、奥様には申し訳ないけれどこのままお嫁に行くのは、私としても恐ろしゅうございます。いっそ宗教的な慈善事業にでも身を投げ入れて、これからは本当に人様のために自分を犠牲にして、罪を償いたいと思っております。記者様のお考えをお知らせください。

（罪の女）

▼**お答え**　本当に、あなたが自分自身の考えからするというのなら、何をなさろうともそれは非常にけっこうなことだと思います。

けれども、あなたの過ちを人が責める、だからといって、宗教なり慈善事業なりに隠遁しようというのなら、それは非常に卑怯な行いです。

人間には誰でも過失はあるものです。

それを、ただとがめるだけの他人はもちろんよくないのですが、しかし、苦しまぎれに心にもない偽善に身を隠すのはさらにけしからぬことです。

あなたの場合はそうでないかもしれませんが、しかしとにかく過失に過失、罪に罪を重ねられませんようくれぐれもお祈りいたします。

尊敬する奥さまと親兄弟に責め立てられ、あぁ、なんてとりかえしのつかない罪を私は犯してしまったのでしょう、とこの方は悔いておられる。女の貞操にことのほかやかましいこの時代ゆえ、無理からぬことです。しかし、一年も続いた相手の男のことはもうどうでもいいのかしら。この文面から察するに、罪への後悔が先で男への未練はまるでないような……。ふと、素朴な疑問を感じてしまいました。

不倫の恋愛中に縁談が来て……

ソノ人ハ結婚シテ幸セニナッテクレト言ウガ……

大正五年（一九一六年）六月六日

私は某官庁の仕事をしている女です。数年前に上京して、以来お世話になっている家のご主人で、妻子ある方と四年前から深く恋し合ってきました。ところが今度よその人からその方に、私を嫁にもらいたいと言ってきたのだそうです。

その方は「私の心は少しも変わらない。近く妻と別れてあなたと正式に結婚したいと思っていたが、今度のようなことになると私の一存でもいかない。あなたには今まで苦労をかけたから、早く結婚して幸せになってほしいと思う」と言っています。

その方と奥様は、気質がぜんぜん合わないとはいえ、子供まであるのに別れさせては気の毒であるし、それに私とその方とがいざ結婚したとしても、先々も幸福になれるかどうかを思うとまた心配もあります。

それで郷里へ帰って父母に相談してみますと、父母はその方を信用して、その方におまかせすると申しています。

その方もかくまでに信用してくださるならば、どうか嫁いでくれと申していますが、そのごようすは非常に寂しそうで、この先どうなられるかと思うと嫁ぐこともできません。

（迷える女）

▼お答え　妻子ある方とそんな関係に陥っていながら、そのことに対して少しの反省もしていない。あなたは非常に間違ったことをしているのですよ。

あなたは絶対に、今後その方とのあやふやな関係を続けていってはいけません。また、もう一方の人と結婚するとしても、その前に今まで自分がどんなことをしてきたか、平気な顔をして妻の座へ座れるほど純潔な身か、よく考えなければなりません。

あなたの態度を見ると、自分の境遇が都合よくいきさえすればそれでよいと、自分のすることにあまり誠意がこもっていないようです。そんな風では、女としての正しい道を踏んでいるようには思えません。もっともっと心を真面目にして、自分のうわべの幸福ばかりを考えずに誠意をもってことに当たるようにせねばなりません。

結婚するにしても、あなたのその誠意ができてからでなければ、けっしてあなたは幸福にはなれません。

いったい、あなたはそんなことを平気で人に打ち明けるということに何も恥じていないのですか。

あまりにも無知なあなたのような人がいるのは、婦人全体の名誉のためにも嘆かわしいことであります。

――戦国時代のお殿様ではあるまいし、自分が手をつけた女を家臣に払い下げるような真似をする男は、あんまり信用しない方がいいと思う。どうせ離婚する気がないのはみえみえ、あわよくば、ぼんくら亭主をおしつけてその後も関係を続けようって魂胆がありありだもん。妻と気質が合わないだの、家庭生活が不幸だの、若い女の同情を引こうとする手口も気に入らない。不倫男って、どうしてみんなこうなの？

人妻と兄妹として交際したい

永遠ニ清イ交際ヲ続ケタイケレド……

大正三年（一九一四年）十一月十日

私は二十四歳の未婚の男ですが、昨年ふとしたきっかけである婦人と知り合い、兄妹のように交際しています。

しかし、その婦人はすでに人妻です。私は自分に妹がないので、その婦人と永久に兄として清く交際していこうと思うのですが、これは人の道にはずれた考えでしょうか。

（備後の一孤村にて）

▼お答え　その細君と兄妹になるには、まず、その夫と親しく交際して兄弟のようにしなければなりません。夫と友だちにならずにその細君と親しくなることは実際困難ですし、また、道にはずれたことだと思います。その夫の立場にあなた自身が立って考えたら、すぐにわかることです。二十四歳の若い身でこんなことに頭を悩ませること自体、大いに嘆かねばなり

ません。人生の危機に立つあなたは大いに反省なさる必要があります。

「兄妹のように」とか「永久に清く」とか、妙にリキむところがかえってヤバイ。このような純朴真面目な青年は、きっときっと深みにはまってしまうことは、火を見るより明らかではないか。わけのわからんことを言ってないで、今のうちにきっぱりあきらめるなり覚悟して略奪愛に走るなり、どっちかにお決めなさい‼　と、気の短い平成人は、イライラしてしまうのである。

夫が赴任中の女と恋に陥り

モウスグ夫ガ帰国スルノデ悩ム青年

大正三年（一九一四年）十二月十一日

私は二十四歳の青年ですが、まだ思想の固まらないうちから外国の小説を読み耽ったためか「愛」こそ生活の第一義と信じ、旧道徳に反抗してこの数年を送りました。

ところが運命のいたずらか、私は夫が赴任中のある女と熱烈な恋に陥りました。しかし、快楽は無窮ではありません。

私は不徳を悟ると同時に、翻然と関係を改めようとしました。しかし互いに幾度か悔悟し、幾度か溺れて、とうとう夫の帰国の日が切迫しています。

消極的方法ながら今は遠国に身を隠すより道がないと思いますが、ヒステリカルな彼女が絶望のあまり無謀な挙に出ないでしょうか。そんなことになったら、先方の家庭を転覆させることになります。

私は自分の安全は望みません。ただ彼女及びその家庭に、混乱や動揺なきことのみを祈ります。

（雪国の男）

▼お答え そういう不自然な関係は、長く続かないのが当然でしょう。お二人に不安がある以上、だんぜんやめなさい。
しかしあなたも女も、罪に対する罰を受けねばなりますまい。その女の夫にしてみればむしろ家庭を崩壊し、その女を離別してしまったほうがよいと思います。何もそういう虚偽の家庭に、平和を装わせておく必要はないと思います。

これは弊社発行の『日本絶滅人種辞典』【文学青年】の項から引用しました。……というのはウソ（そんな辞典はないってば！）だけど、近頃あまり見かけない青年ではある。「週刊ＳＰＡ！」と「ビッグコミック・スピリッツ」を読んでファミコンやってるサラリーマンには絶対いないだろう。ひょっとすると、尾崎豊あたりが、この人種の最後の末えいだったのかもしれないね。

人妻との清い交際を疑われた男

匿名ノ忠告文デ濡衣ヲ着セラレテ……

大正四年（一九一五年）六月三十日

私は官省に勤めている者ですが、ふとしたことからある婦人と清い交際を結んでいました。間もなく、その婦人は親の権威のもとに愛のない結婚をしたのですが、私たちは依然として交際を続けているのです。

最近そのことが同僚にも知れ、ついには無名の忠告文が送られてきたのです。その中には、法律上、道徳上の大罪人と書いてあり、そしてまた上官に密告するとも書いてありました。

私は相当の教育もある者です。何で他人の妻を犯しましょう。ましてやお互いの家人も暗に許しているほどの、清浄な仲です。この際、手紙の主にいかなる処置をとったらいいでしょう。

（支那生）

▼お答え　そういう忠告文は悪くとるよりも、世間が自分をどう思っているかを知る鏡と思い大いに反省すべきです。

どんなに自らを潔白と信じても、世間が認めなければやはり社会的信用をなくすのですから注意せねばなりません。

ある夫婦と交際するとして、夫と親密な関係だから細君とも親しくするのは自然ですが、夫をさしおき細君と親しくすることは不自然ですから、悶着も起こります。断然その交際をやめるべきだと思います。

肉体関係のあるなしは、この際、関係がないと思われる。問題はむしろ、この方の相手が愛のない結婚をしている婦人だということだ。満たされぬ人妻と、純情可憐な青年の交際……これはかぎりなくまずいんじゃないかしら。

快楽を悪いものとは思わないが、
快楽以下の人間になってはいけない。
快楽につかえてはいけない。

武者小路実篤『第三の隠者の運命』――大正十〜十一年

其ノ十五

仕事、職場ニマツワル問題

出産後に復職できなかった同僚

大正六年（一九一七年）八月十四日

他人事デハナイ職業婦人ノ出産問題

私は、今年の四月から七月まである会社に女事務員として勤めていた者です。同じ仕事をやっていた方で、私の就職前からお産のために休んでいた方がありました。その方は二カ月ほどお休みになると、生後十八日のお子さんをよそに預けて出社されました。

ところが事務長は、あまりに長いこと欠勤したというのを理由に、その方をそっけなくも解職してしまいました。

それと同時に、私の入社も実はその方がお休みになるのをあてにして採用されたのだという話を聞きました。

解職されたその方は、その後産後の身体にいろいろな心配が重なって、とうとう長いこと床にお就きになったそうです。何でも、出産の休み中もいろいろと手紙で事務長にお頼みになっていたのだそうですが、いっこうに役に立たなかったということです。

これを聞いて、ますます同情に耐えなくなりました。

それから間もなく、その方を入社させてくださるようお願いして私が辞職しました。そんなにまでして身を引く者はないと言われましたが、いったん口を切ったものですから、断然辞職しました。

しかし私の真心が足りなかったものか、その方はついに復職なさることができませんでした。

これは他人事ではございません。

私だってこの先々、妊娠の身を無理に運んで働かなくてはならぬ場合もあると思います。こんな事件についてはどういう考えを持っていたらよろしいのでしょうか。（毬子）

▼**お答え**　事務長たる人がもう少し情を重んじ、また男子と違ってお産の大役を背負っている女性としてこの女事務員を扱っていればよかったのですが、さりとて、二カ月にわたって欠勤しなければならないようでは、仕事の忙しい会社ではそうそう情を重んじてばかりもいられない場合もあるかもしれません。

それにしても、あなたを雇う際に、事務長たる者がもう少しはっきりした始末をつけておいたら、その産婦を苦しめないで済んだかもしれません。何といっても事務長に責任があります。

それと同時に、この問題はいわゆる婦人と職業の問題を考える人にとっては見逃すことのできない好材料でありましょう。

今日のように生活の厳しい世の中で、職業婦人としては、そんな悲劇に遭っても自らを損わないだけの雄々しい決心があってほしいと思います。

その方にしても、産後の身に衣食の資を奪われたということはまさに生命を縮めるほどの苦しいことには相違ありませんが、そのために自らを傷めるということは……。
そこに、職業婦人としての雄々しい修養がありたいものだと思います。

私の知人には、出産後すぐ職場に復帰し、その代わりに夫を休職させ子どもを見てもらったという強者がいる。さすがに夫の親族からは非難ごうごうだったらしいけど。毎月、保育費を二十万円以上払って乳飲み児を預け、仕事を続けている友人（彼女の収入はほとんど保育費で消えてしまう）もいる。職業婦人の出産問題は、体力、気力、そして周囲の強力なサポート体制が勝負なのだ。

年下の女の上司

学問モ常識モナイ新参女ニイバラレテ

大正十一年（一九二二年）五月二十三日

私は実業学校を卒業し、ある会社に勤務している一青年です。会社ではかなりの古参です。しかるに今年度から、高等小学校を出ただけの若い女が入社して、私の上役となっています。学問も経験もこれという特殊な技能も持っていない新参の彼女が、私たちの上に立っていばり散らすのが不平でたまりません。

できるだけは辛抱しているのにつけあがり、同輩ですら君と呼んでいるのに、私どもの名を呼び捨てにするなど非常識もはなはだしいのです。

侮辱を感じ、耐えきれず辞職しようかと迷っています。私は彼女から見たら四年も古参であり、学問でも常識でも彼女に劣っているとは思いません。こんな侮辱を受けつつなお、しのんでいなければならぬのでしょうか。潔く退社するのが男子の本領でしょうか。

（越後長岡S生）

▼お答え　そんな没常識な低能女子は眼中に置かず、あなた自身の職務を忠実に執って超然としていらっしゃい。

そのうちまわりが許さなくなって、やがてはその女は解職されるでしょう。まじめに交際しようとすれば腹が立つし、賢い男のとるべき道ではない。敬遠主義をとり笑って相手にせぬにかぎります。

どうしてそのような低能な女がこの方の上役になったのか、そこに興味がありますね。社長の親戚、愛人、はたまたお得意先のご令嬢……どちらにしても、これではあまり見込みのある会社とも思えないから、今のうちに退社した方がいいかもよ。ところで「越後長岡S生」さま、あなたはまだ幸福だ。現代では学歴、経験、技能ともに頭の上がらぬ女の上司の下で言いようのない屈辱をしのぶ男性社員もいるのですから。

自分を高めるために転職したい

郵便局員ハ生活ノ保障ハアルケレド……

大正六年（一九一七年）八月九日

私は二十四歳の青年で、二十六円の月給で郵便局の電信事務を取り扱っています。このほど家内をもらいましたが、田舎のことですから少しの余裕はあります。が、どうも今の仕事に興味が持てません。思い切って辞め、新聞記者になろうと思います。生意気ですが、生活の保障は得られてもそれだけでは満足できないのです。ひとりの人間として、自分をより高く育てていきたいと思います。それなら別に記者でなくとも、とおっしゃるでしょうし、また局にいても勉強できないことはなかろう、とお思いになりましょうが、多忙な現在の務めはそうした時間を与えてくれないのです。

私の希望の方面にゆくよい手蔓はございませんか。不躾ながら記者様のご意見をお伺いします。

（一郵便局員）

▼お答え　平記者にはやっと休息する時間があるばかりで、勉強時間があるというのは見当違いです。日によると昼夜兼勤で寝るひまもありません。行く末はどうなることかという感慨は、何業もたいてい同じです。要するに*大磐石の上に座ったような気持ちで生きるのは、職業の別よりも、心持ちの別です。現在の位置で、苦心することも必要だと思います。あなたの給料は標準から見れば安くありません。その境遇を善用されることを。

新聞記者を知的でやりがいのある仕事だと信じて疑わない相談者に対し、記者様のコメントには思いきり実感がこもっていて面白い。ところで、私の友人たちは、ヤクザなマスコミの仕事に愛想を尽かし、図書館司書や学校事務に憧れている。一人は本当に足を洗ってめでたく地方公務員となった。〝隣の芝生は青く見える〟と言うけれど、やっぱり自分の目で確かめないと納得できないもんだ。

*「大磐石」とは大きな岩のこと。

仕事が不満で家出したい男

画家カ文士ニナリタイケレド才能ガナイカ？

大正六年（一九一七年）六月二十六日

私は二十一歳の青年です。某会社に勤めていますが、どうも今の仕事が私に不適当なように思われます。かれこれ一年ばかり、不愉快な日を送っていますが、今ではたまらなくなりました。どうして自分はこんなに不幸に生まれたのだろう。私は、私に適した仕事がいくらも待っていると信じています。

今の会社では末の見込みがあるでなし、営業方針といい社員の待遇といい、どうしても満足していることはできません。

転職のことについて父に相談したところ、今少し辛抱せよと言っていっこうに取り合ってくれません。家へ帰る途中、叔母に相談してみましたが、これもそのうちよくなるだろうから辛抱せよと言うことでした。私は非常に苦しみ、家を捨てて逃げ出そうかと思いました。しかし、老いた父やたくさんの兄弟のことなどを考えてはそれもできません。私は画家か、または文士になろうと思って余暇にその道を勉強していますが、このままではとうてい成功しそうに見えません。それにこんな風では自然に自分の職務も怠りがちになりますので、会社の信用も危うくなりました。

私は一時どこかの書生にでもなりたいと思います。そしてそこで勉強して、及ばずながら独立の生活を立てたいのです。

といって私が家出をすれば、父兄はきっと怒るでしょう。何もかまってやれないと言った父の言葉が思い出されます。

まだ見ない幸福が私を待っていてくれそうな気がすると同時に、何だかこう自分の才能についての不安がないでもありません。私は小心を悲しみます。

このままでいたら物質上の生活だけは楽かもしれませんが、心には苦しい不幸な生活を続けることと思います。父の言に背いて生活の革新をするため無断で家出をしようかとも思いますが、いかがでしょう。私は

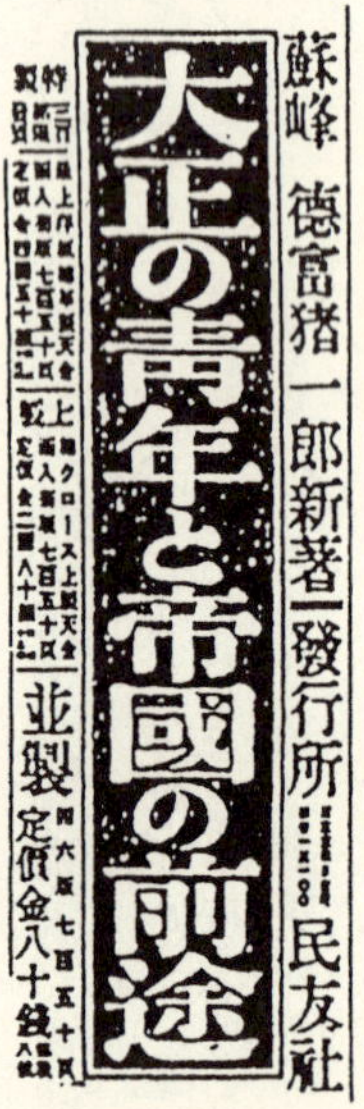

本当に苦しんでいます。ああ、本当に苦しんでいます。（困惑生）

▼**お答え**　あなたは活字になったあなたの手紙を、今、どんな感じをもって読んでいますか。何よりもあなたは今、物事を正当に考え、正当に判断する明快さを失っています。あなたの心は今、乱視の状態にある。何もかもを一度に見ようとするような混乱が生じている。そのためにあなたはもっともっと静かな時をもって、その乱調子な心を整えなければなりません。

そうでないと「家出」という恐ろしい事件が、とんでもない災いをあなたの身の上に持ち来すことと思います。

改革もよい、理想もよい、家出もよい。が、その心のままではいわゆる妄動です。自分の才能を重んじ、個性を云々する前に、何よりもいらいらしたその気分を整えることが大切です。あなたは静かに静かに踏み出さねばなりません。

今の仕事がいやで、何かもっと創造的な仕事をしたいと思うけど、あてもなく、才能への自信もない。食べていくためには今の仕事を続けるほかないけれど、この先ずっと悶々と暮らすのかと思うと気が狂いそう。誰もが一度は覚えのある悩みではないだろうか。でも転職して成功する人を見ていると、やっぱり事前に地道な準備なり相当な覚悟なりをしておりますね。この方の場合は、せめて文士か画家かを決めないと……。

親に出世を期待され……

高給取リニナル自信ガナイ青年ノ苦悩

大正七年（一九一八年）一月六日

二十二歳の青年です。三年前故郷の中学を出て上京し、某大学に籍を置いて、目下ある研究に没頭しています。故郷に年老いた父母があり、家は富裕というほどではありませんが、ともかく私に月々の学資だけは送ることができます。

しかし、ひとつの苦痛があります。それは、無知な父母がただひたすら私の出世を楽しみに日々の労苦に耐えていることです。しかし私の進もうとする道は工業だの商業だのと違い、今の社会状態では物質的に貧弱な仕事なのです。とうてい、世間的な成功を得ることはできません。

これを思うと、何ともいえぬ暗い煩悶に駆られます。いっそここであきらめて、もっと、いわば売れ口のいい方面に転換しようかと何度も躊躇しました。

しかし、燃えるような私の研究熱は執着の度を高めます。

ついてはこの際、故郷からの助けを離れ、自分の力で生活しつつ研究を続けたいと思います。

「あの老齢でまだせがれのために食いつぶされている……」と人からうしろ指を差されている両親の身になると、さらに言いようのない苛立たしさを感じます。

家庭教師でも何でも、私にできることなら何でもいたしますから、お世話をお願いいたし

（寛二）

ます。

▼**お答え**　もっともな申し分ですが、ひとつの欠陥があります。親御さんがあなたのために捧げている学資を、どうして喜んで受け取れないのですか。あまりにありがたすぎて、迷惑なのですか。

もちろん、学校さえ出ればすぐ高給取りになれると思って子供を教育する親は、文字通り「無知な親」です。しかし、知見あるあなたは親の無知を飲み込んで立たなければなりません。そして、その学資をあなたのよしとするところに用いればよいのです。

できるだけ親の負担を軽くしようというお考えは、にせ孝行心だと思います。ありあまる金を自由に使って研究しても、なかなか思うようにいかない世の中です。苦学が無理だといわれるのはそこです。与えられるものを、なぜ、喜んで研究のために受けられないのでしょうか。

あなたの研究に、何か不充実な点があるのではないでしょうか。

あなたの考えがこんな具合になるのは、ある種の文芸家がもっている思想に影響を受けているからではないかと思います。たとえば「あの老齢でまだせがれのために、云々」という他人の評価は、あなたの実感からきたのですか。いい加減に空想してこんなことを考えたのではありませんか。なんの必要があって、よそ目から見た親の身を考えるのですか。はた目からは、あなたが想像するほど親御を見下げないのが通例です。

あなたはいつでもあなた自身の立場から一切を評価しなければなりません。それなのに反対に、世間の人の立場から自らを評価するような無自覚な態度をとることが、あなたのこの煩いの原因です。それは、あなたの研究生活が充実していないという証拠になります。

今の学生や自分の学生時代を思い浮かべ、それにひきかえ、この方はなんとまあ親孝行で思いやりのある青年なのだろう、とただただ頭が下がる思い。しかし、記者様はあいかわらず鋭い。親へのすまなさにかこつけ、その実、今後の研究生活と進路への本人のちょっとした迷いを見抜いておられる。この青年は自分でもきっと意識してなかった小さな不安を指摘されて、大変驚いたのではないだろうか。

転職をくり返す人生

職人ニナルカ商売人ニナルカ二転三転スル男

大正七年（一九一八年）一月十日

私は二十二歳になる無学の男子です。小学校時代には将来はきっと成功してみせる、としきりに偉人の成功談などを読み耽ったものです。

学校卒業後は、生計上から某工場へ勤めなければならなくなりましたが、終日汚い空気の中で、油臭くなった*青服でコツコツやっていることが不愉快でなりませんでした。洋服の勤め人を見るとうらやましくて仕事が手につかず、その結果、私はついに工場をやめて上京し、某商店へ勤めることになりました。

さて、勤めてみると想像に反してかなりいやなことが多く、いっそ労働者で青服を着ているほうがましだと思うようになりました。

そしてまもなく、私は再びある鍛冶職の見習いになりました。が、薄志弱行の私は、また店員生活が恋しくなって油臭い青服生活が耐えられなくなりました。

こんな具合にして、昨年の夏、親戚友人の忠告も聞かず家を飛び出して、某商店に勤めることになりました。が、もともと駆け引きやお世辞がへたで大嫌いなので、やはり元のような職をもって生活したいという念に苛まれるようになりました。

親族はしきりに鍛冶職になれと申しますが、油臭い黒ずんだ汚れ服のことを思い出すと、どうしてもいやでいやでたまりません。といってこの店に留まって、嫌いなお世辞を使ったりする人と一緒にいたくありませんので、まったく立つ瀬がありません。私はどうしたらいいのでしょうか。

（青服生）

▼お答え　昔、あるところにひとりの石切り職人がいました。毎日コツコツ鑿で石を切っていますと、立派ななりをした人がうらやましくてなりませんでした。そこで、石切り職人は何ごとも自由に贅沢できるお殿様になりました。ある日、このお殿様が猟に出ました。すると雪雲が出て猟ができませんでした。このお殿様は自分より雲が偉いと思い、今度は雲となって自分の威力を示していました。けれども雲は太陽には勝てませんでした。ところが、こ

の太陽も道に横たわっている石の像にはかなわなかったので、ついに石になりました。ところが石は、毎日石切り職人にコツコツ鑿で切られなければならなかったので、結局もとの石切り職人に還俗して、真面目に暮らしました……という話が、千葉の田舎に伝説として残っています。

こういう話を聞いて、あなたは何と思いますか。迷えば、三千世界を彷徨しても足りませんが、覚悟をすれば今すぐにでも自分の暮らしを見出すことができましょう。

職人もいや、商売人もいやとなると、はて困りました。しかしこの方の場合、問題ははっきりしています。きれいな洋服を着てお客にお世辞を言わなくても済む職場を選べばいいのですから、バーテンなどどうでしょう。すきのない服装と寡黙さこそ優れたバーテンの必須条件、ぴったりじゃないですか。寿司屋の板前、そば屋の亭主なども寡黙な方がありがたがられる傾向に。

「青服」*…菜《な》っ葉《ぱ》服とも呼ぶ作業着のこと。

化粧品で会社を興したい

自家製ノ化粧水デ勝負スル三十歳ノ女性　　大正七年（一九一八年）四月二十一日

私は、やむなき事情で独立しなければならない三十歳の女です。いろいろと求めてみまし

たが、格好の仕事は見つかりません。ふとしたことから美顔水のような化粧水をこしらえてみました。さいわい応用化学に多少の知識があり、いろいろ工夫してみましたが成績が意外に良いのです。思いきって小規模の化粧品製造を企てようと決心しました。それにはどんな手続きをしたらよいでしょうか。私ども女の常として、こういう方面のことは不明ですからお尋ねします。私は薬剤士の資格はないのですがそれでもできるものでしょうか。　（静女）

▼お答え　着眼点は非常に面白いと思います。就職難、生活難を叫ぶばかりで自発的に進めない人の多い世に、あなたのような方がいると思えば愉快でたまりません。もし失敗しても、用意周到の上の失敗ならそれは良い経験になるでしょう。

お尋ねの品が美顔水のような物ならば医薬部外品に入り、大正五年四月の警視庁第四条で営業取締規則が公布されています。手続きは営業所の住所、氏名、生年月日、名称、原料及び分量、製造方法、用法、用量、効用等を明記した願書に製品見本を添えて警視庁へ出すのです。

世界中に販売店を持つイギリス生まれの化粧品会社「ボディ・ショップ」といえば、ボトルを持っていけば中身だけ売ってくれるユニークな販売法、動物実験廃止や環境保護を前面に打ち出すイメージ戦略などで、日本の若者にも人気を集めています。ところで、ここの女社長も、

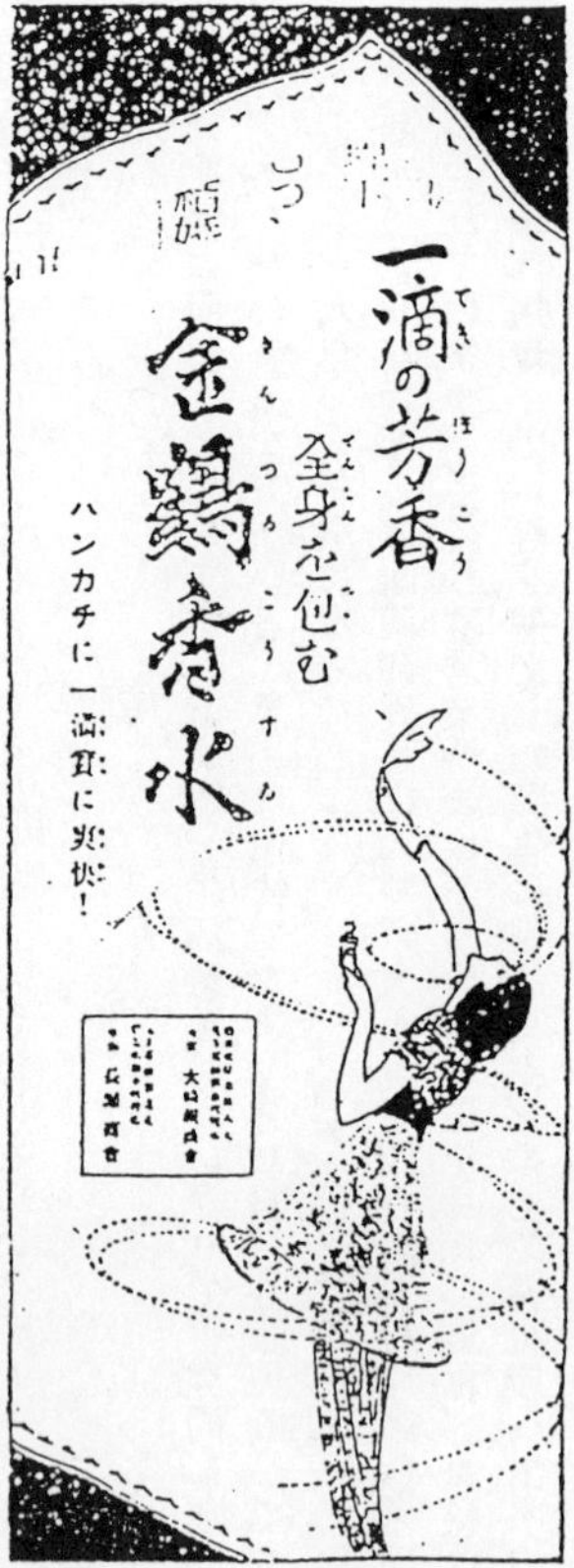

最初は自宅のキッチンで自家製の化粧水を一本一本ボトルに詰めていたそうです。日本にも大正時代にこのような女性起業家がいたとは心強いですね。

なる堪忍は誰もする。
ならぬ堪忍するが堪忍というのはもっともである。
が堪忍袋に癇癪玉《かんしやくだま》が収められて居らなくてはならぬ。
癇癪玉のない堪忍袋は意気地なしの荷物である。

三宅雪嶺『世の中』——大正三年

其ノ十六

性格ニツイテノ思惑

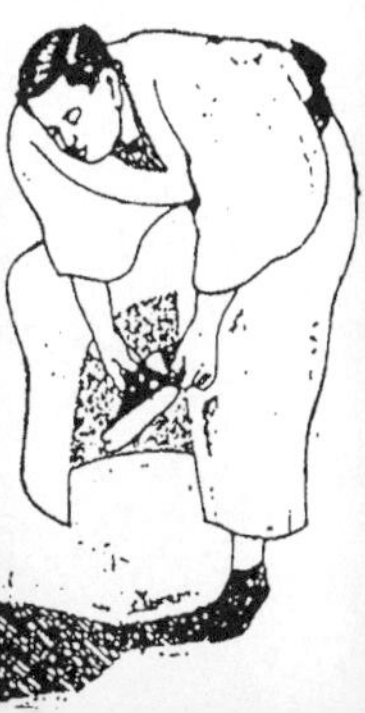

行儀の悪い義妹

コノママデハ将来オ嫁ニ行ケナイ

大正四年（一九一五年）九月十四日

十三歳になる義妹のことです。学校の成績は優れているのですが、行儀がとても悪いのです。

毎日学校から帰ると、着物や袴を脱ぎっぱなしにしてそこいら中に散らかして、何ひとつ自分で整理することをいたしません。あまりに不行儀なので、見かねてたまに注意をしますと「ああ、うるさい。よけいなお世話よ」といった調子で、少しも行儀を直すことはいたしません。

もしこれを直さずに、なすがままにまかせておきましたら、行く末はさぞ困った女になり、一家の主婦となることなどできないだろうと心配しています。

何とかこれを矯正する方法はないでしょうか。　（ゆり子）

▼お答え　そう性急に言ってもしかたありません。十三歳ではまだ子供ですから、妹さんが娘らしい年頃になるまで待ってからになさいまし。りこうな子であればそれほど心配することもないでしょう。

一　記者様は甘〜い。三つ子の魂百までとコトワザにも申すではありませんか。かたづけのキライな子が大きくなってきれい好きになることはまずありません。しかしまた、物をかたづけなければ一家の主婦になれないということもありませんから、結局心配する必要はないのです。ただし、整理魔の夫、もしくはきれいにかたづいた部屋では落ち着けないという同好の士を選ぶのが夫婦円満のコツでありましょう。

静かな青年と近所で評判

女ッポイト言ワレテイルヨウデ不快

大正十一年（一九二二年）七月二十四日

私は二十五歳になる青年です。今年三月に上京して、親戚の世話になっています。ところで、どうしたものだか近所の家では私を見て「静かな青年だ」と評判しています。

静かだなんて、何だか女らしくて私はそれがいやでたまりません。そうかといって乱暴するわけにもいきません。

何とかして近所の評判を「いい青年」くらいに改めてもらうことはできないでしょうか。

（牛込御願生）

▼**お答え**　これはまた妙な相談です。「静かな青年」とは、おとなしい青年というくらいの意味なんでしょう。

女らしくていやだとおっしゃるけれど、あまり神経質にならずに、近所の評判などにはかまわずにいたらどうですか。

「静かな」とか「おとなしい」と言われるのは、いやしくも男性にとっては女々しいと言われたようで気になるわけですね。この際、剣道の素振りとか、空手の練習などを近所の道端でわざとらしく始めてはいかがでしょう。ふだんの静かさが効果的に見えるではありませんか。でも、若い女性に「カワイイ!!」と言われ、喜んでいいのやら怒るべきやらわからず困っている平成のおじさまに比べると、この方の悩みはましですよね。

臆病で神経衰弱な少年

カワイガラレ過ギテ育ッタカラデショウカ?

大正六年（一九一七年）五月二十九日

私は十六歳です。かわいがられ過ぎて育ったためでしょうか。どうも気が弱くて、非常に臆病者です。

青年にありがちな神経衰弱にかかり、一日も安楽に暮らしたことがありません。毎日のように頭痛や肩凝りに襲われ、顔色まで蒼くなって体重も増加せず心配でたまりません。友人が静座法*を勧めてくれましたが、私にはできませんでした。直接、静座法なり腹式呼吸法なりを教えてくださる先生はいらっしゃいませんか。なお催眠療法とやらをやる先生

や、ほかに良い療法もありましたら教えていただきたくお願いいいたします。（泰二）

▼**お答え**　気の弱い人や、過激に頭脳をつかう人に対して、神経衰弱症はいつでも襲いかかろうとしています。なのにあなたのように、平然として自分のあまり男らしくない方面を、何か特色のように誇張して考えるのは青年の現代病のひとつだと思われます。今頃の時候では、それでなくとも気分の優れない日が続くものです。静座法も催眠療法もうまくいけば有効だと思いますが、それよりはまず、他人を頼ることばかり妄想しないで、もっと男らしく、自分の力を精一杯出して、運動でもしてごらんなさい。朝も早起きし冷水摩擦をするとか、夜遊びを慎むようになさい。生涯の大切な時期ですから、くよくよしていてはいけません。

記者様は非常にしっかりした男性的な性格の女性とみえ、気の弱い若い男性にことのほか手厳しいのである。そしていつも、男らしく運動でもなさい、毎日冷水摩擦を続けなさい、と言われるのだ。もっとも、この時代はたしかにユーウツな文学青年が流行していたと見えて、相談者の中には自分の繊細さや文学的気質を自慢している向きも少なくない。

*「静座法」とは心を鎮めて座り精神修養と身体の健康をはかる方法のこと。

おしゃべりで滑稽好きな性格

子供ニマデ馬鹿ニサレルコトモ……

大正四年（一九一五年）四月十四日

私は二十五歳になる青年です。見かけは従順で落ち着いているようですが、接客のときや、汽車や電車に乗るときは、いつも失策ばかりしてしまいます。

毎夜床に入るたび、反省して恥ずかしく思わない日はありません。また事務を執るときも、地位の高い人や使役者を相手に、つまらぬことをしゃべったり他人の批評めいたことを知らず知らずに言ってしまったりして、いつまでも人格が向上しません。

いっそのこと、できるだけ沈黙を続けたりもしてみますが、たまたま愉快なことがあると一時にくずれて、面白半分に滑稽なことが言語動作に現れます。それで、子供らにまで馬鹿にされることがあります。どうしたらこんな性格を改善できましょうか。（植田町事務員）

▼**お答え**　あなたのように愉快な性質はけっして悪くありませんが、過ぎたるは及ばざるがごとしです。

沈黙を守る習慣をつけるほかに、策はありますまい。沈黙ということは非常にむずかしいことですから、五年や十年をかけるつもりでないといけません。そうたやすく直そうと思うのが無理です。

——なかなか愉快な青年ではありませんか。調子にのったあとで自分の言動を後悔し、思い悩む図が目に浮かぶようで、好感が持てます。子どもにまで馬鹿にされるなど、並みの人間にできることではありません。職場の方たちだって、今日はどんな失言、失策が飛び出すことかと毎日楽しみに待っているはずです。周囲へのサービスだと思って、ガンガンおやりになってはいかがでしょう。出世はあきらめなくてはなりませんが。

率直過ぎて困っている男

短所ヲ直スヨリ長所ヲ伸バス努力ヲスベキカ　大正三年（一九一四年）八月十五日

私は、一方で非常に率直だという長所をもっていますが、また一方では人と対座しているときに、調子がまずくて困ることが少なからずあります。

ずいぶんいろいろと骨を折ってみましたが、まだ直りません。

短所を直そうとする不自然な努力は断念して、長所を伸ばすほうに全力を使うのがとるべき道ではないかと思いますがいかがでしょうか。

（田舎の一青年）

▼**お答え**　「率直」という長所を伸ばすのもよいですが、過ぎたるは及ばざるがごとしになると困りますから、まあ、お控えなさい。

婉曲にものを言うには、心に落ち着きがないとできません。心が静かになれば、自然に口に出るところも静かになります。心を平静に保つ工夫が必要です。

以前、京都に取材に行った時のこと。協力者の方に少しばかりの謝礼金を差し上げようとすると、受け取ってくれないので、いいや後から送ろうと思い引っ込めかけたら、現地の紹介者が慌ててそれを協力者に押しつけた。かの人いわく、あそこで引っ込めたら、後で何を言われるかわからないのだそうだ。かくも京都人は婉曲表現を好むのであります。つまり、この方はしばらく京都に行儀見習いに行かれるといいのでは。

極度の恥ずかしがりで病弱

イッソノコト仏門ニ入ロウカト

大正四年（一九一五年）八月一日

私は七人兄弟でしたが、十五年前に長兄と長姉が肺病で、その後十一年めには結婚した姉が同病で倒れ、今は四人残っています。

十八歳で水産学校を出て、一年ほど缶詰会社に奉職していました。幼時は人並み以上に賢かったのに次第に鈍くなり、ことに人前に出るのが恥ずかしくて、すぐまっ赤になるのでろくに話もできません。そのため、他の職工は皆給料をもらったにもかかわらず、私は一文ももらえず泣き寝入りをし、家庭では意気地なしと責められました。

帰郷して農業に従事するうち、冬頃からおいおい衰弱しましたが気に留めずにいたところ、腎臓炎、糖尿病に加えて肺病も出て、入院しました。全快はしましたが、そのため莫大な費用を費やし、女々しい性格のため深い煩悶に陥り、あらゆる人生の寂莫悲哀に浸っています。

いっそこの際、仏門に入ったらとも思います。どうか女々しき心を直す方法をお教えください。

（可憐なる男）

▼お答え あなたの弱い精神に安心を与えて、人や世を恐れないようになるのは確かに信仰を得るのがよいと思いますが、生活としては、今まで学んだ専門を捨ててはいけません。焦る心をじっと抑えて、一歩ずつ道を開いていらっしゃい。

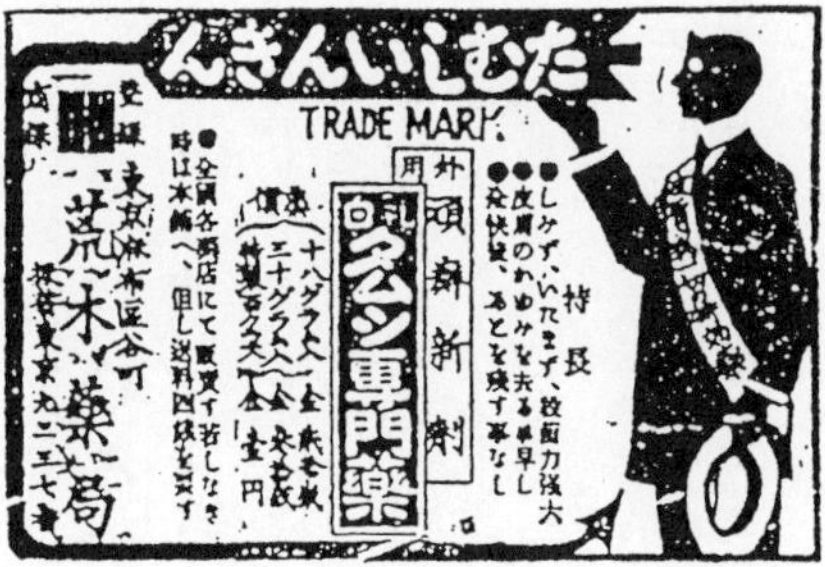

ロバート・デ・ニーロは、内気な性格を治すために俳優になったとか。人によっては、そうしたショック療法も有効のようですが、この方の場合はやめておいた方が無難でしょう。人の痛みがわかる優しい心を大事にしてほしいものです。坊さんもいいですが、男っぽい気性の奥さんをもらって、家事や子育てに専念するのもいいかもしれません。ただし、自分のことを「可憐なる男」と称するセンスはなんとかしてください。

愛敬がないと言われる妻

無理ニ笑ッテモ寂シイ感ジニナッテ……

大正四年（一九一五年）四月十二日

私は二十五歳になる軍人の妻でございます。生来愛敬がないため、嫁いでから六年の間、煩悶しております。

夫からは始終「愛敬がない」と言われ、夫の友人などもしだいに見えなくなったようです。お客様のときにどうかしてお世辞ひとつも言えるようになり、また夫が隊から帰りましても笑顔をもって迎えるようになりたいと心がけてはおりますが、どうしてもできません。

たまに笑いましてもそれは寂しい感じがいたします。どうしたら、この陰気な性質を直して快活になり、人並みに話ができるようになりましょうか。　（ちづ）

▼**お答え**　陰気な人が快活になるのはなかなか難しいですが、戸外で運動をし、新鮮な空気を吸い、健康を心がけられたならば、自然に心から笑えるようになるだろうと思います。

陰気な性質をお悩みのようですが、この方の文面にはユーモアのセンスが感じられます。本当に陰気な人にこんな楽しい手紙は書けません。だいたい優れたコメディアンは、本来陰気な

性質なのです。竹中直人をごらんなさい。あの人がふだん陽気で快活だなんて思えないでしょう。タモリだって暗そうじゃないですか。陰気な性質、大いにけっこう。その暗さを生かした笑いを研究するのがいいと思いますよ。

怒りっぽくて無口な少年

周囲ヲ不愉快ニシテイルカ？

大正四年（一九一五年）七月二十八日

私は怒りっぽい性質なのです。自然と顔にも表れて、勤め先の人々にも「あいつは始終怒っているようで、顔を見ると殴りたくなる」などと言われます。そのたびに苦しい思いをしております。

私としても、にこにこ顔をしていたらさぞよかろうとは思うのですが、できないのです。また私は無口で、何を言われても黙っている癖があり、人に気を悪くさせまいと思って何か言おうとしても、恥ずかしいようで黙ってしまいます。

この二つの癖を直すにはどうしたらいいでしょうか。

（なやめる少年）

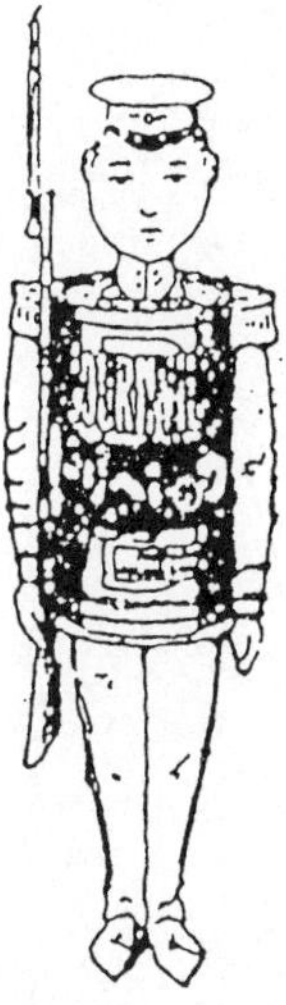

▼**お答え**　あなたは、心をいつも穏やか

に保たねばなりません。そのためには下腹に力を入れる習慣をつけることが近道でしょう。
なお、さらには宗教心を養って品性を高めると、春風に接するような心持ちを先方にもたせることができます。

吉田戦車の漫画に、〝いじめてくん〟というキャラクターがある。誰が見てもついいじめたくなる情けない顔で、みんな必死で我慢するのだがつい手を出し、ドカンとやられる。つまりいじめてくんは必殺必中の爆弾なのだ。本人は、これ以上人を殺したくないので、必死で「いじめないで!!」と頼むのだが、その表情がまた、いじめ心をそそるのである。だから、「なやめる少年」君も、あんまり気にすると、よけい怒りっぽくなっちゃうよ。

情緒に乏しい私

イロイロナ物ニ感動シタイノニデキナクテ……

大正四年（一九一五年）八月二十七日

私は二十歳になる女です。生れつき鈍いのか、どうも情緒に乏しいのです。別にすさんだ家庭に育ったわけでもないのに、私には深刻な愛もありません。花を見ても美しいと思うだけ、広々とした海も山も単に目にするだけで、何の感興も与えてくれません。しかし私はこの宇宙を通して、何か偉大なものを握りたいのです。それにはあまりに無能です。どうしたら唯物生活から霊的生活に進めるのかと、そのために修養書などを読みますが、ただ頭で解するのみです。どうにかして自然への感謝と敬虔の念をもちたいと思います。しかし家事に取り紛れ、夜は疲れて深く考えることもできません。せめて一週間くらい人里離れた所で自然と交わりたいと思いますが、女の身ではひとりで出してもらえません。この徹底しない生活が苦痛です。（白萩）

▼お答え　一概に申せませんが、情緒の教育は宗教と文学でなければできぬと思います。克己を説いた修養書よりも、麗しく清い小説のほうがあなたのためになりましょう。と同時に情を高めて思いやりのある婦人になるには、宗教の力によらねばなりません。つまり、あなたの精神を根本的に改新する必要があるのです。一悪をのぞき、一善を進める繕い仕事の修養は何にもなりません。

一　この方はおそらく、現代国語や音楽より、数

学や理科が得意だったはずです。何に美を感じ、神を感じるかは、人それぞれ。小説を読んでもとんと感動しないくせに、数式の美しさに打ち震える超理系人間は珍しくありません。花を見て「ああ美しい」と思うこの方はまだ常識的といえるでしょう。自然に感動するのはあきらめ、数学や物理学の本、あるいは六法全書に、この方の求める感動の源泉を探すべきでしょう。

いいものの前には先ず感動したような
面持ちだけでもするがいい。

斎藤茂吉『冬夜漫筆』——大正九年

其ノ十七

悩ミナキ人ノ難問

毎日ひまですることがない

仕事デモシヨウカト悩ム主婦

大正六年（一九一七年）十一月十五日

私たち一家は、主人と私と下女の三人きりです。主人は別に決まった仕事を持っていませんが、幸い多少の財産がありますので、生活もわりに楽に続けられます。それで三十四歳になる私までが、おかげさまで何の病気もなく暮らしていかれます。私たちには子供がありませんが、この点も、ほかからの相続者が決まっていますから安心です。

それで私は、毎日読書などをして日を送るのがやまやまで、別にこれという仕事もございません。こうして毎日毎日閑散な日を過ごすのは、何だか自然の道に背くような気がして、罰が当たりはせぬかと良心に恥ずることもあります。

もし、一定の時間を外に出て働いたら多少気も紛れて身体にもよかろうと思いますが、これといって特別の技能もなく、適当な仕事が見当たりません。私は、天性の理解とか推理とかに富んでいるほうでして、世間並みのお針仕事などは至って不得手でいやでございます。

道徳、宗教、哲学等に関する書物を好んで読みますが、意志が弱いため実行は難しゅうございます。こういう性格と境遇の私は、今後どうしたら自然の道にかなった生活ができるでしょうか。お教え願いとうございます。

（閑散な身の女）

▼お答え　これはまた珍しいお尋ねです。近頃ある人が「身の上相談」の質問は往々にしてひやかしがあると言ったそうですが、その当否は別として、あなたのお手紙はてっきりその類だと思いました。

実際あなたのような生活ぶりは、万人が万人、幸福な目標にする境地でしょう。そんな生活に何の苦労があろうか、と日々の生活に追われている人は考えるでしょう。けれども、生活の苦悩は物質の欠乏だけが原因ではないと信じますので、ひと言申しあげようと思います。

あなたの感じている一種の不安は、人間の幸福が外的条件ばかりではない、もっと深いものであることを証明しています。

衣食住に不満はありますまいが、あなた自身の心の生活が十分に行われていないのではありませんか。面倒な子はなく、主人は外出がちな上、ひと通り常識も智恵もあるからそう道楽三昧もできず、静かにお留守居をしている結果、あまりの退屈を感じるのでしょう。人間の幸福は、自由に力強く生きていくところにあるのです。この点において、あなたは古い日本婦人の型にとらわれています。何でもよいから、退屈しのぎに仕事を始めたらいかがでしょう。

おおげさな仕事はできないまでも、隣近所の長屋の子らにお菓子のひとつもやってみて、大きな口を開けて喜ぶ顔でも見られるだけで、その飽満な寂莫を破ることができるでしょう。さらに世間の不幸な人々のためになる仕事でもなさったら、人のためのみならず、あなた自身のためにも生きがいが感じられるでしょう。

少なくとも、宗教や哲学などを読み耽るあなたとしては、当然の道です。

仕事を辞め子育てに従事して嵐のようなめまぐるしさが何年か後に突如として終わった時、現代の主婦たちもこの方のような悩みを経験する。夫と子供を朝送り出し家事も手早く済ませてしまうと、はて今日は何をして時間を潰そうか、と考える。働こうにも適当な仕事はなかなかないし、思い切って遊ぶほどの余裕はなし。井戸端会議ももう飽きた。そこで私の友人などは、再び大学生になろうと企んでいるのである。

安穏と暮らすか事業に賭けるか

今ノ境遇ニ感謝シテ暮ラスノガイイカ？

大正七年（一九一八年）五月二十三日

人生は、平和に楽しく暮らせれば幸せだ、と思ったり、世に現れる功名を得なければ意味がない、と焦ったりこれが私の迷っているところです。

実際私は何不自由なく、田舎としてはかなり派手な生活で、健康で子宝もあり、家庭に波乱があるというでもなく不潔な遊びもせずに、文学や園芸を楽しんでいるのです。

私に一定の職はなく、先祖代々伝わった土地山林など三十万円ほどの資産をもって座食しているのですから、人からはこれほど満足すべき生活はないと思われています。

しかし、私はちょっとしたくだらないこと、例えば家族の下駄のちび方までが気にかかり、いつもいらいらして、何かを求める気持ちに追われています。

私にとっては、お金を儲けたり資産を殖やしたりする野心は不要なことはわかっていますし、多くの田舎の資産家のように県会議員などになって、低級な名誉心を満足させることはかえって不名誉だと思っています。

が、現状に満足しながらもなお何かを求めてやまないのは、傑出した者になりたいとか、有意義な事業に成功したいという野心があるためだろうと思います。

私は有意義な事業をいくつも考えているのですが、今の安穏な生活はそれに手出しをさせません。

こうしている間に人生は半ばを過ぎ、はや下り坂に差しかかりつつあります。

子供らは私の白髪をあれこれと噂しています。

花作りや小品文*の投書やそんな遊戯はやめて、財産の半分を金にして都会で理想の事業に取りかかろうと決心しかけても、その一方で、理想的な事業は多く失敗し、失敗する事業は社会に不要なものだという考えも起こります。

家産を半分なくしてもよいから、功名や手柄のため、一生をできるだけ大きなものにしたいという考えのために突進するのがよいか、今のまま幸福に感謝しつつ資産を守り、個人的な趣味と地方的な小事業とに一生を送る田舎紳士として満足するほうがよいか、いかがでしょうか。

(田舎生)

▼お答え あなたがこの投書をしてから、多少の時が経過しました。その間、あなた自身で何か反省されたでしょうか。

そして、馬鹿らしいことを書いたと考えませんでしたか。

まったく、日本人のほとんどすべては、三十万円も資産を持っていながらこういうことを考えるのは、馬鹿なことと思う習慣になっています。

しかし、どうしても心の不満を破ることがあなたの願いなら、やってみたい仕事に打ち込んで資本を下ろしてみることです。どうせ身につかぬ財産だとすれば、あるもないも同じことでしょう。

仮に金銭上は失敗したとしても、かえって心の経験を豊かなものにしてよい結果がくるかもしれません。

しかし、それにはあなたがもう少し、自分の意志をしっかりなさることが大切でしょう。もっとご自分の不安の形を見つめる必要があります。

憧れの不労所得!!……もあればあったで悩みがあるのですねぇ。この方の場合はなまじ良識があるゆえに、自分をがんじがらめにしてしまって馬鹿なことがなにひとつできないようだ。ベンツやレースクイーンをはべらせて喜ぶバブルオヤジだったらもっと人生を楽しめたのに。資産なんかなくて裸一貫から小さな事業を始めていたら充実した人生を送れたかもしれないのに。ところで「小品文」*とは今で言うエッセイのこと。

働き者が馬鹿に見える

家業ヲ継イデ何不自由ナイ青年

大正六年（一九一七年）八月八日

私は二十八歳になる男子で、三年前まで東京のある私立大学の文科に籍を置いていました。

ちょうど二年のときに父が亡くなり、それ以来、先祖代々伝えてきた店を監督しつつ、何不自由なく暮らしています。

しかしどうも、踏み込んで家業を発展させようという心持ちにはなれません。

私は、元気よく働いている者を見れば見るほど、その人が無智な人間のように思えるのです。何も私がりこうだというのではありませんが、元気そうに働く人間は、何ともいえない虚偽な、いいかげんな気持ちの人間にしか思えないのです。面と向かって話しているといかにも元気で気持ちがよいように思えますが、離れると、つまらぬことに泣いたり笑ったりする、他愛ない無智な人間に見えます。

といって、万事を億劫がる私自身が偉いと申すのではありません。むしろ私自身をもてあましているのです。幸いに店番をしていれば食ってゆける財産がありますので、その日その日を何とか紛らして暮らしてはいるものの、何とも退屈な気のりしない生活を送っています。

どうしたら、私のような男が心から喜びを感じつつ生きることができるでしょうか。

（呑気生）

▼お答え あなたが抱いている億劫な気分は、おそらく神経衰弱からくるのではないでしょうか。いちおう、その道の医者に診てもらったらどうですか。

今ひとつは、境遇上ならびに思想上の影響があるのではないかと思います。もしそうなら、あなたのような億劫さはなかなか打ち破られるものではありません。

何しろ大破産でもして、今のように楽々と食べてゆくことが夢にも見られなくなったら、多少元気そうに働く気持ちも出て来るかもしれません。

が、そうでないとせいぜい金庫番として生まれてきたくらいの人生を、このまま退屈に生きてゆくよりしかたないでしょう。

「元気そうに働ける人間は無智な人間のようにしか思えない」というあなたの言い分には、多少の道理があります。

昔から、偉い人といわれる者は元気そうに働く人のようなことを一生しなかったものらしい。

ですから、元気そうに働くだけでは、必ずしもそれが価値のある偉いことだとも無価値なものだとも断定する証拠にもなりますまい。

そして、いかに億劫がりのあなたでも、ひとつくらいは何かしてみたい道楽がありそうに思えます。

もしあなたと同じような億劫がりの人で、あなたの好きそうなことをやっている人がいたら、ひとつ真似てみてごらんなさい。いつ、一生懸命にやってみたい気に出くわすかもしれません。

そこまでゆければ、あなたは何でもなさそうに元気に働いている人々の気分を飲み込むことができるでしょう。

こんな努力はすでに億劫かもしれませんが、お勧めいたします。

何もかもが本当に億劫なら、息をすることもごはんを食べることも億劫になるはず。でも、この方はちゃんと生きているのですから、大丈夫。ちょっとすねてみたいお年頃なんでしょう。この件に関する特効薬は、馬鹿になれる薬、つまり「恋愛」しかありません!!　恋をすれば、日常のすべてがキラキラと輝き出し、他愛ないことに一喜一憂する自分がとても愛しく思えることでしょう。

やけ食いや衝動買いばかり……

何カ生キガイヲ求メル奥様　大正八年（一九一九年）四月十六日

私の家には月々一定の収入があり、糊口には差しつかえありません。老人も子もなく、主人と女中と私の三人きりで、主人は日々外出し、女中はお勝手の万端をしてくれます。それで、私はただ新聞雑誌を読み、気の向いたときにお琴を弾くくらいで何も用はないのです。時として食欲が起こり、お菓子をいただいて胃腸を痛めたり、無聊のあまり外出して、三越白木などでよけいな物を求めて主人にお目玉を頂戴するなど、実にかいなき者です。婦人の内職は恥ずべきものではないというお説に従い、内職して慈善事業などに寄付したいと思います。ついては、何か適当な仕事はありませんか。私は本年四十歳で、手工の覚えはありませんが、きれいでしやすい仕事ならば賃金が安くても構いません。

（一閑女）

▼お答え　子もなく、おひまな主婦も世の中にたくさんあると思います。そういう力を用いないのは婚家の不経済です。慈善のために内職をするお心がけは、まことにけっこうです。しかしありふれた内職はあまりに馬鹿らしいので、すぐいやになるだろうと思います。それゆえ、ミシンでも稽古なすって、それで内職をなさったらどうですか。そうしたら毎月十数円の金が取れましょうから、慈善をしても目に立つことができましょう。

ブランド物を持つときめきも、おいしいものを食べる喜びも、海外旅行のワクワクも、慣れてしまえば、それなりのものでしかなくなるし、歌舞伎だオペラだバレエだとカルチャーしたり、F1やJリーグに胸を熱くしたりも、その時はいいのだけれど、ふと空しさを感じてしまう時がある。遊び上手のハナコさんたちも、究極の道楽は、やっぱり手仕事とボランティアよねーと気がついたこのごろなのであった。

一人前の人間って奴にはもう倦々《あきあき》した、
図抜けて豪《えら》くなるか、図抜けて馬鹿になるか、
世の中の相場を狂わすような事を
やらなけりゃ生き甲斐はねえ。

中村吉蔵『剃刀』――大正三年

其ノ十八

イササカ面目ニ欠ケル悩ミ

雷が恐い男

催眠術デ治スコトガデキルダロウカ?

大正四年（一九一五年）八月八日

大の男がこんなことを申しては恥じ入るしだいですが、どうも雷が恐くてしかたありません。愚と知りつつも、恐ろしくてならないのです。と申しましても別に宗教心から恐れるのではなく、あの光、あの響き、あのあからさまに見せつけられる「死の姿」が恐ろしいのです。

それで催眠術にも赴きましたが、眠らせられることさえできませんでした。しかし、福来友吉博士のごとき斯道の泰斗ならば、必ず私のこの恐怖を催眠術の暗示によって治し得ることと存じます。記者様、ひとつ博士のご住所をお教えください。博士が施術することができぬとのことでしたら、他の方法でもかまいませんが、とにかく私の悪癖を治す療法をお教えくださいませ。　（下谷ひがし生）

▼**お答え**　雷が恐いのは別に差しつかえないと思いますが、催眠術をやるなら、福来博士の住所は小石川区大塚町七十番地です。博士にご相談してごらんなさい。

――雷なら一年に多くても数回しかないのだから、目をつぶってやりすごせばよいではありませんか。筆者の場合は何の変哲もない警報装置が恐しいのです。「非常時以外押さないでください」と書いてあるのを見るたびに、指が勝手に動いて今にもガラスを割り中の赤いボタンを押してしまいそうで、気が気ではありません。近頃ではトイレやエレベーターにまでついているのですから……。催眠術で治すべきでしょうか。

理髪店で二度も耳を切られた

一人前ニナルマデニ三人ハ切ルトウソブク職人　大正七年（一九一八年）十月二十六日

二、三日前に理髪店へ行ったところ、どうしたはずみかハサミで耳を切られてしまいました。

運が悪いというのか、こんな目に遭うのがこれで二度めなので、今では理髪店へ行くことが恐ろしくなりました。

ほかの理髪店でこの話をしたところ、そこの職人が「一人前になるまでには、たいてい三人くらいは切っている」と申しました。するとこれは私ばかりの災難ではないに違いありません。

法律に明るい知人の話では、刑法上からも民法上からも問題になるそうですが、損害賠償など取れるのでしょうか。

しかし相手のことを考えますと、十歳を頭に小さい子が三人もあってあまり豊かな生活とは思われず、どうも訴えられそうにもありません。

が、一人前になるまでに三人くらいは切っているなんて平気で言ってのける彼らの心根が憎らしくてなりません。
よい方法はないでしょうか。

（佐野生）

▼お答え　そうたいした傷でないのなら、おあきらめなさい。しかし、実際そう二度も三度も切られてはたまりません。何しろ人の生身に刃物を当てるのですから、この種の職業に従事する人は今いっそう気をつけるようにし、しかも衛生的であってほしいと思います。

理性は「お気の毒に……」と同情の意を表すよう命じるにもかかわらず、つい笑っちゃったりすることってありませんか。もうこれは人間の本能なんですから、しかたありません。ですから、床屋で耳を二度も切られたと憤慨するこの方への最も正しいリアクションは、やっぱり笑い飛ばすことだと思うのです。

どうしても禁煙できない女

夫ハ煙草ガ大嫌イナノニ……

大正九年（一九二〇年）一月十六日

二十二歳の人妻です。私は夫が大嫌いな煙草がなぜか大好きなのです。

夫が嫌うものを妻が好むというのはよくないので、禁煙しようと決心しますがどうしてもできず、煙草のために円満な家庭が波乱を起こすこともあります。何とか、禁煙できる薬や工夫はありませんか。　（向島愛煙女）

▼お答え　近頃では、酒や煙草が嫌いになる薬もあるようですが、はたして効能があるかどうかはわかりません。

こういうことは何よりも決心が大切です。本当に煙草をやめようと思うのなら多大な苦痛をしのばずして、そうそう簡単にやめられるものではありません。

多年の悪習慣を打破するのですから、非常な覚悟を要することです。売薬などで一時抑えておいても、すぐまた吸いたくなりましょう。

くれぐれも煙草の害を自覚して、心から禁煙されることを望みます。

一説には、煙草の醍醐味はあるゆる意味で「うしろめたさ」にあると言います。先生に見つかったら退学、肺ガンになるかもしれない、お肌によくない、良識ある人々のヒンシュクを買う、エトセトラ、エトセトラ……とにかくヤバイからこそ、こっそり隠れて吸う快感がまた格別なのです。何の気がねもなく、ただ習慣でスパスパ吸うようでは、この快感はとうてい味わえません。

間借り人が出て行ってくれない

家賃ハ滞納シ物騒ナコトヲ言ッテ脅ス

大正十一年（一九二二年）九月十三日

私の家は祖母、母、兄、私の四人暮らしです。一昨年ある人に座敷を貸したところ、はじめは良い人だと喜んでいたのですが、この頃になってどうしたのか、ころりと人が違ったようになってしまいました。毎日酔って帰って来る、間代を滞納する、時には高いから安くしろなど、妙な口調で脅したりします。

私の兄はこんなことに構わぬ性なので、母と私とで非常に困っています。

この間も母が「息子が妻を迎えるので座敷を空けてください」と言うと「よろしい。空けるが二カ月かかるか三カ月かかるかわからない。その間は間代を払わぬから」などと言うかと思うと、今度は「俺が出たあとで他人に間貸しでもしてみろ、強盗に入ってやるから」なんて恐ろしいことを申します。

どうしたものでしょうか。　（KH生）

▼**お答え**　女と思って、あなた方を侮っているのでしょう。しかしあくまでも穏便に出て、機会あるごとに静かにたしなめてやりなさい。気でもふれたのでないかぎり、必ずあなた方の誠意を汲み取るでしょう。冷静沈着に出るにかぎります。その上でつけあがるようなら、警察などの非常手段を取るのもよいと思います。

「パシフィック・ハイツ」という映画では、新婚夫婦が苦労して手に入れた新居の一階を一見紳士風の男に貸すと、こいつが実にアブナイ奴で、夜な夜な電気ドリルを持ち込んでは勝手に改装!? するし、勝手に又貸しするし、おまけに家賃は払わず、そのくせ居住権だけは主張する知能犯。ひよわな若いご主人はすっかりノイローゼになってあわや家庭崩壊……。善良な素人衆は部屋など貸すもんじゃありません。

死んだ従姉に貸したお金

妹ニ催促シタケレド聞キ入レナイ……

大正三年（一九一四年）八月九日

私は、従姉に三十二円貸していました。お互いにそのことは秘密にしていた上に証書も取らず、返金の期限も定めなかったのですが、そのうちに彼女が死んでしまいました。

彼女の家に残るのは、十八歳の妹と次の弟だけですが、彼らは生活に差しつかえはありません。貸し金のことを秘密のうちに葬るのは残念と思い、その妹と面談し、また手紙も出して、秘密（わけあって秘密にしたいのです）で催促しましたが、なかなか聞き入れません。その娘が内諸で返金してくれるには、どうしたらよいでしょうか。

（翠）

▼**お答え**　あなたは、非常に常識がないと思います。

従姉の方が亡くなられて、その妹さんはどんなに悲しんでいるかわかりません。あなたも共に悲しまねばならないのに、わずか三十二円ばかりの金を催促するなんて、実に同情のないやり口だと思います。そういう時に金のことなど言い出すから、先方ではあきれ返ったのでしょう。

取り合わぬほうがあたりまえです。

この方にはちっとも悪気はないのです。悪気がなければいいというものでもないけれど、親切ごかしでいかにも上品そうな口をききながら、虎視眈々と遺産を狙うやからよりはよほど上等の部類でしょう。この方は、裏表がない人なので、そうだ三十二円を取り返さなきゃ、このままもらえなかったら大変！　と思いつくと矢も楯もたまらず実行に出てしまうのですね。憎めないキャラクターです。

妙な名前を変えたい

人ニ変ナ顔ヲサレルノデ気ガ引ケル男

大正四年（一九一五年）八月九日

私は、ある官職に就いている者です。名が変なので、名を見るたびに人々は妙な顔つきをします。私も気が引けてしかたがありません。

何とか改名したいと思いますが、同姓同名の者もないので困っています。

何とか改名がかなう方法はないでしょうか。

（失落生）

▼**お答え**　どんな妙な名でも、あなたに立派な人格さえあれば憂えるには足らぬと思います。妙な名のほうが、類がなくてかえってよいではありませんか。

記者様ったら、なんて冷たいんでしょう。筆者の友人にはさる美人女優と同姓同名の者がおり、フルネームで呼ばれるたびに、みんなの視線が一斉に注がれ、そして「な〜んだ」と落胆されるのがありありとわかるので、死にたくなるのだそうです。名前というものは人格を離れて一人歩きするので困ります。それにしても、この方のお名前はいったい何なのか、知りたくてしょうがない私は、たんなる野次馬？

大正五年（一九一六年）八月二十四日

身体がかゆい

毒デモアルノデハト悩ム人妻

私は二十歳で結婚しましたが、十九歳のときから、どうしたのか身体中どこをかいてもあとが赤く腫れあがり、見苦しいこと我ながら驚くくらいです。お客様のときには非常に困っています。それに、一カ所をかくと次から次としまいには身体全体がかゆくなってまいりますので、毎日非常に悲観しています。

何か身体に毒でもあるのではないでしょうか。どうすれば治るか、どうぞよい方法をお教えください。（梅子）

▼**お答え**　そんなことを言って悲観などしていないで、一日も早く信用できる医者に診察してもらったほうがよいと思います。

漠然とそういうことを聞かれても、何とも返事のしようもありません。

本当ならこういうご相談にはいっさいお答えしないことになっていますが、あなたはいかにもお困りのようですし、それにこういう病気に関するご相談を手紙でするだけで、一方では大事な身体を投げやりにしておく人がたくさんいるようです。ですから、そういう人たちのためにも、医者に診せることの大切さを知ってもらいたいと思って、お答えしておくことにしました。

世の中には、誰が見ても明らかに病気なのになかなか病院に行かない人もいれば、まるで病気を見つけるのが趣味であるかのようにしょっちゅう病院に通っては、医者をあきれさせている人もいます。しかし、この方の病状は近頃はやりのアトピーのように思えます。もしそうだとすると、お医者様でも治せなかったかもしれません。現代は、情報がありすぎ何を信じていいかもわからず、これも困った状況です。

虫が嫌いな主婦

メマイガスルホド怖クテ何モ手ニツカナイ

大正六年（一九一七年）六月一日

お恥ずかしながら、私は当年二十五歳の女で二人の子の母でありながら、まことに虫が嫌いで困っています。

先月今の家へ移転したところ桜の木がありまして、その木から毛虫が、毎日のように落ちたり、また洗濯しておいた子供の着物についていたりして、気味が悪くてならないのです。

そのために用事も手につきませんし、虫を見るたびにめまいがするほどです。

私の主人は少し「曲がり屋」でして、私が恐ろしがれば恐ろしがるほど知らん顔をしております。

人様にお話もできないような馬鹿馬鹿しいことですが、ある人が、虫嫌いによい薬があると申しましたので、もしやと思ってお伺いします。

（小心女）

▼**お答え**　まことにお気の毒です。誰にも毛虫や蛇を好かぬところはあるものですが、よほどそれが異常なほうなのだと思います。

毒虫に刺されたときにはいろいろな薬がありますが、ただ虫嫌いなのを治す薬というものはございますまい。
虫がまったくいない住居は、害虫の駆除法が不完全な現在ではまずないわけですから、勇気を出して虫に慣れることですね。手を触れないまでも、見慣れることから練習なさってはどうでしょうか。

毛虫を平気で手でつまみあげる女というのも、ちょっとコワくないですか？ 私の母は大変気丈な女で、しかも大変なキレイ好きときておりますから、たまたま外からゴキブリが侵入しようものなら、親のカタキとばかりに素手でガッシとつかみ（ゴキブリごときにティッシュを使うのはもったいないと言うのです）、頭をガリッとねじきってトイレに流すのです。こわいですよ、これは。

使いにくい女中がいや

手伝ッテモ気ニ入ラヌト軽蔑スル……

大正八年（一九一九年）一月十四日

私の家には、もう七、八年になる女中がいます。この頃ではすっかり慣れてしまって、言語動作などが極めてぞんざいになりました。そして母がそれを戒めようものなら、怒ってわざと障子を手荒く閉めたりします。またお客の前などで、まるで身内のような言葉づかいをするのではらはらさせられます。

何事もひとりで勝手にやってくれるのはよいのですが、私たちが家事をして、もし彼女の気に入らないと、私たちを侮蔑するような言葉を使います。

ひまを出そうと思ってもそれもできませんし、彼女も一生私の家にいるつもりなのです。この度し難い者を、どうしたらよいのでしょうか。

（なやむ女）

▼**お答え**　その女中は、度し難い者には違いないけれども、あなたの家を死に場所に定めているところを見ると、よほど忠実で感心な女のように思われます。

何か書物を読んで聞かせたりして、いかに親しい間でも礼儀は守らなければいけないということを、自然に悟らせるようになさいまし。

一　世の中には身分、性別、年齢に関係なく支配する者と支配される者がいるのです。これはもう先天的に定められたものなので変えようがありません。しかもこの二つのタイプはお互いに呼び合ってしまうのですね。尻に敷かれたがる夫となんでも仕切りたがる妻がその典型で、友人関係でも必ず仕切り役とお供役に分かれます。この方などは典型的な被支配型ですから、仕切り役の女中を大事にしなくてはいけませんね。

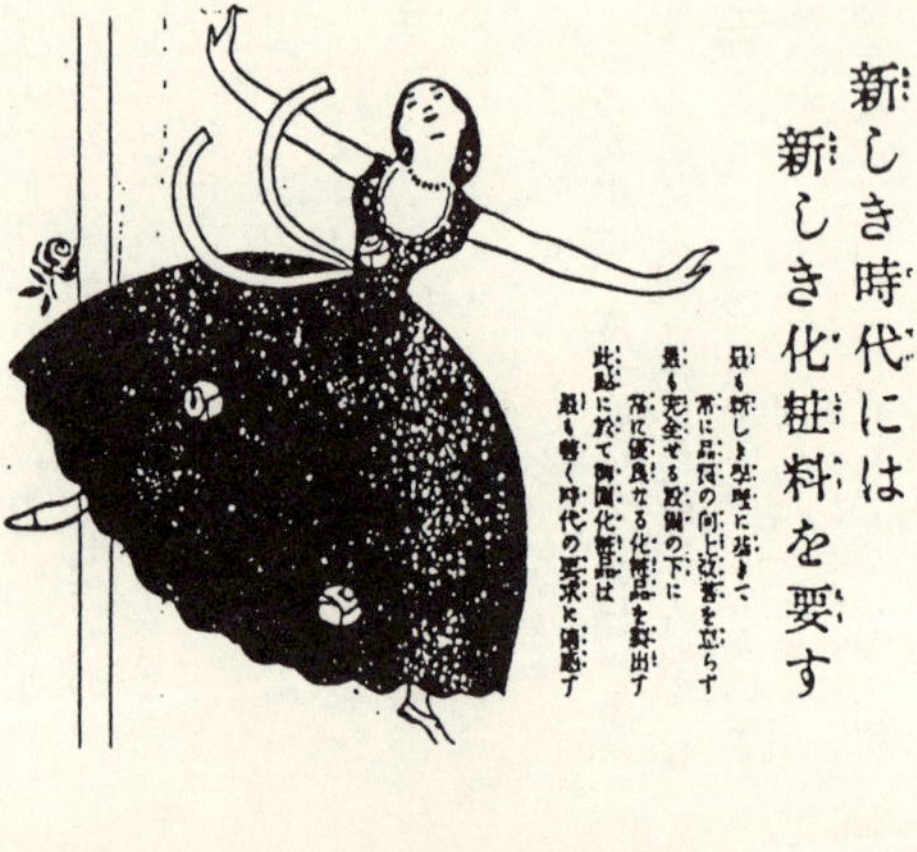

人生は一箱のマッチに似ている。
重大に扱うのはばかばかしい。
重大に扱わなければ危険である。

芥川龍之介『侏儒の言葉』――大正十二～昭和二年

解説　現代の基礎としての大正

小谷野敦

何を隠そう、私は「身の上相談」が好きである。ところが残念なことに、今は『朝日新聞』には日曜版にしかこれがない。『読売新聞』は、今どき「身の上相談」「人生相談」でもないということか、「人生案内」という題になっているが、平日の家庭欄に、昔ながらの形式で載っており、五、六人の識者が回答している。これがおもしろい。比較的新しい例では、三十四歳の主婦が、中学二年生の息子の部活動の先輩である中三の彼が気になってしかたない、というものがあった。最後は「考えるだけなら、だれにも迷惑かけないから、いいですよね」とある。回答は里中満智子、まあ、遠くから見つめてあこがれているのが無難でしょうと、無難な答えである。もっと古いもので記憶に残っているのは、若い女性で、ホステスになりたい、決して性を売るのではなく、接客術を身につけたい、というもので、この時は確か回答者は落合恵子、接客術とあなたは言いますが、ホステスというのはそういうものではありません、と懸命に止めていた。あるいは、結婚後まもない妻の悩みで、夫がポルノ類を持っている、独身の時ならそういう欲求があるのはわかるが、結婚していてなぜ、というのもあった。回答は、男の人の性的欲求というのは女とは違うものですと、これまた、現代なら穏当なものだった。

マスコミというものは、どうしても珍奇な現象を追うもので、まるで現代の女子高生がみんな売春をしているかのように、あるいは現代の夫婦がみんな浮気をしているかのように、先端的な事例を紹介するものだ。「人生相談」が面白く、かつ有益なのは、もっと普通の人びとの意識が分かるのみならず、ここが肝心なのだが、回答者も、あまりラディカルな答えをしてはいけないからである。『朝日新聞』に人生相談がないのはそのせいではないかと思う。たとえば先の相談でも、恋に上下の隔てはない、歳の差など問題ではない、とか、職業に貴賤はない、がんばりなさい、とか、ポルノは女を卑しめるもので、男女に性欲の差異などない、とか、そういう回答をしては困るのである。そこで、人生相談なるものは、その時代のその国の、平均的人間の道徳観、人生観を映す鏡になるのであって、逆に小説類を読んでも、平均的人間像は分からない。

身の上相談の内容は、恋愛、結婚、夫婦関係、人間関係、等々が多く、だからまた面白い。ここで私が面白いと言うのは、決して高みから見下ろして言うのではない。中三の男の子が気になる三十四歳の主婦の事例も、明日は人ごとではないかもしれないのである。さて本書は、大正時代の『読売新聞』に掲載された身の上相談を編集したものであるが、期待に違わず面白い。そしてやっぱりその八割方は、恋愛、結婚等の相談である。答えているのは、現代と違って新聞社の女性記者らしいが、油断はならない。ナセニエル・ウェストの小説『孤独な娘』は、この名前で人生相談に答えているのが中年男だったという話である。さて、大正時代というのは、恋愛や結婚に関して、現代の基礎となる考え方が固まった時期であると言ってよかろう。たとえば、愛のない結婚は虚しい、とか、そういう考え方だ。記者は、行いの正しい相談者は褒めるが、身勝手なことを言ってくる相談者は容赦なく叱りつけている。これは今でもそうだが、新聞という媒体でこういうことをするのは、自ずから相談者以外の読者にも、なるほどこういう考え方は良くないのだな、と分からせるという啓蒙的な意味を持っている。もっとも私が見るかぎり本書の回答者は、結婚を迷っている者に対しては、迷うようならやめなさい、と言う例が多く、相手のない人には結婚を勧めている例が多い。ここには、真剣かつ熱烈な愛がなければ結婚すべきではない、という考え方が少し、人はなるべく結婚したほうがいい、という考え方と同居している。実はこの二つは矛盾する。当時たいへん人気のあった厨川白村という文化人が広めた、恋愛結婚こそが正しいという価値観は、その後、恋愛のできない者を苦しめることになった。それから、愛と同情は違う、同情から結婚したらあとあと悔やむことになる、という価値観も見られる。私個人は、この意見には反対で、同情があれば十分だと思っているが、現代人にも引き継がれている考え方だ。面白いのは、異性の友人と、結婚後も友人としてつきあいたい、という相談に対して、女からの相談（二二二頁）には同情的なのに、男からの相談の時は、人の妻と友人となるには、その夫とも交際しなければなりません、と答えていることで、ここには記者の、人妻は身辺をきれいにしなければならないという姦通罪的理念がかいま見られる。

妻が処女でなかったことにまつわる紛糾も多い。なにしろそのために起こった殺人事件を描いた小説もあるくらいだ。その中で、どうも記者が理解していないらしい例がある（一三二頁）。これは夫から、処女ではなかったと疑われて責められる女の相談で、記者は、何の理由も原因もないのに、そういう疑いをかけるというのは、少しおかしいと言うのだが、この相談者は、「さかんに運動しているお転婆です」と書いていて、要するに初夜に出血がなく、だから夫は疑っているのであり、当人は、運動のために処女膜が破れたのだと思っているのだ。しかしこの点は現代でも誤解している人がいるので啓蒙のために言っておけば、あれは厳密には「膜」ではなく、運動ないしは初めての交合で必ず「破れる」ようなものではなく、出血しない人だってたくさんいるのであり、この点、曖昧な知識を植えつけてきた通俗性科学書に責任があるだろう。元本に付いているコメントもこの点を理解してないが、概してこのコメントは感心しない。一例を挙げると、九二頁、「十九の春、家の不幸によって不倫の淵に身を沈めた」とあるのは、娼婦になったということである。現代娘は、「不倫」と言えば姦通のことだとでも思っているのだろう。こうしたコメントは勧められないが、本文は十分面白い。

思考の整理学　外山滋比古
アイディアを軽やかに離陸させ、思考をのびのびと飛行させる方法を、広い視野とシャープな論理で知られる著者が、明快に提示する。

質問力　齋藤孝
コミュニケーション上達の秘訣は質問力にあり！これさえ磨けば、初対面の人からも深い話が引き出せる。話題の本の、待望の文庫化。（斎藤兆史）

整体入門　野口晴哉
日本の東洋医学を代表する著者による初心者向け野口整体のポイント。体の偏りを正す基本の「活元運動」から目的別の運動まで。（伊藤桂一）

命売ります　三島由紀夫
自殺に失敗し、「命売ります。お好きな目的にお使い下さい」という突飛な広告を出した男のもとに、現われたのは？（種村季弘）

こちらあみ子　今村夏子
あみ子の純粋な行動が周囲の人々を否応なく変えていく。第26回太宰治賞、第24回三島由紀夫賞受賞作。書き下ろし「チズさん」収録。（町田康／穂村弘）

ベルリンは晴れているか　深緑野分
終戦直後のベルリンで恩人の不審死を知ったアウグステは彼の甥に訃報を届けに陽気な泥棒と旅立つ。歴史ミステリの傑作が遂に文庫化！（酒寄進一）

向田邦子ベスト・エッセイ　向田邦子　向田和子編
いまも人々に読み継がれている向田邦子。その随筆の中から、家族、食、生き物、こだわりの品、旅、仕事、私……、といったテーマで選ぶ。（角田光代）

倚りかからず　茨木のり子
もはや／いかなる権威にも倚りかかりたくはない……話題の単行本に3篇の詩を加え、高瀬省三氏の絵を添えて贈る決定版詩集。（山根基世）

るきさん　高野文子
のんびりしていてマイペース、だけどどっかヘンテコな、るきさんの日常生活って？　独特な色使いが光るオールカラー。ポケットに一冊どうぞ。

劇画 ヒットラー　水木しげる
ドイツ民衆を熱狂させた独裁者アドルフ・ヒットラーとはどんな人間だったのか。ヒットラー誕生からその死まで、骨太な筆致で描く伝記漫画。

ねにもつタイプ　岸本佐知子
何となく気になることにこだわる、ねにもつ。思索、奇想、妄想はばたく脳内ワールドをリズミカルな名短文でつづる。第23回講談社エッセイ賞受賞。

TOKYO STYLE　都築響一
小さい部屋が、わが宇宙。ごちゃごちゃと、しかし快適に暮らす、僕らの本当のトウキョウ・スタイルはこんなものだ！ 話題の写真集文庫化！

自分の仕事をつくる　西村佳哲
仕事をすることは会社に勤めること、ではない。仕事を「自分の仕事」にできた人たちに学ぶ、働き方のデザインの仕方とは。（稲本喜則）

世界がわかる宗教社会学入門　橋爪大三郎
宗教なんてうさんくさい!? でも宗教は文化や価値観の骨格であり、それゆえ紛争のタネにもなる。世界宗教のエッセンスがわかる充実の入門書。

ハーメルンの笛吹き男　阿部謹也
「笛吹き男」伝説の裏に隠された謎はなにか？ 十三世紀ヨーロッパの小さな村で起きた事件を手がかりに中世における「差別」を解明。（石牟礼道子）

増補 日本語が亡びるとき　水村美苗
明治以来豊かな近代文学を生み出してきた日本語が、いま、大きな岐路に立っている。我々にとって言語とは何なのか。第8回小林秀雄賞受賞作に大幅増補。

子は親を救うために「心の病」になる　高橋和巳
子は親が好きだからこそ「心の病」になり、親を救おうとしている。精神科医である著者が説く、親子という「生きづらさ」の原点とその解決法。

クマにあったらどうするか　姉崎等　片山龍峯
「クマは師匠」と語り遺した狩人が、アイヌ民族の知恵と自身の経験から導き出した超実践クマ対処法。クマと人間の共存する形が見えてくる。（遠藤ケイ）

脳はなぜ「心」を作ったのか　前野隆司
「意識」とは何か。どこまでが「私」なのか。死んだら「心」はどうなるのか。——「意識」と「心」の謎に挑んだ話題の本の文庫化。（夢枕獏）

モチーフで読む美術史　宮下規久朗
絵画に描かれた代表的な「モチーフ」を手掛かりに美術を読み解く、画期的な名画鑑賞の入門書。カラー図版約１５０点を収録した文庫オリジナル。

考現学入門 今和次郎 藤森照信編

震災復興後の東京で、都市や風俗への観察・採集からはじまった〈考現学〉。その雑学の楽しさを満載し、新編集でここに再現。（藤森照信）

超芸術トマソン 赤瀬川原平

都市にトマソンという幽霊が！ 街歩きに新しい楽しみを、表現世界に新しい衝撃を与えた超芸術トマソンの全貌。新発見珍物件増補。（藤森照信）

路上観察学入門 赤瀬川原平／藤森照信／南伸坊編

マンホール、煙突、看板、貼り紙……路上から観察できる森羅万象を対象に、街の隠された表情を読みとる方法を伝授する。（とり・みき）

自然のレッスン 北山耕平

自分の生活の中に自然を蘇らせる、心と体と食べ物のレッスン。自分の生き方を見つめ直すための詩的な言葉たち。帯文＝服部みれい（曽我部恵一）

地球のレッスン 北山耕平

地球とともに生きるためのハートと魂のレッスン。そして、食べ物について知っておくべきこと。絵＝長崎訓子。推薦＝二階堂和美（広瀬裕子）

ROADSIDE JAPAN珍日本紀行 東日本編 都築響一

秘宝館、意味不明の資料館、テーマパーク……。路傍の奇跡ともいうべき全国の珍スポットを走り抜ける旅のガイド、東日本編一七六物件。

ROADSIDE JAPAN珍日本紀行 西日本編 都築響一

蠟人形館、怪しい宗教スポット、町おこしの苦肉の策が生んだ妙な博物館。日本の、本当の秘境は君のすぐそばにある！ 西日本編一六五物件。

ウルトラマン誕生 実相寺昭雄

オタク文化の最高峰、ウルトラマンが初めて放送されてから40年。創造の秘密に迫る。スタッフたちの心意気、撮影所の雰囲気をいきいきと描く。

ウルトラ怪獣幻画館 実相寺昭雄

ジャミラ、ガヴァドン、メトロン星人など、ウルトラマンシリーズで人気怪獣を送り出した実相寺監督が書き残した怪獣画集。オールカラー。（樋口尚文）

輝け！キネマ 西村雄一郎

日本映画の黄金期を築いた巨匠と名優、小津安二郎と原節子、溝口健二と田中絹代、木下惠介と高峰秀子、黒澤明と三船敏郎。その人間ドラマを描く！

関西フォークがやって来た！ なぎら健壱

1960年代、社会に抗う歌を発表した「関西フォーク」。西岡たかし、高田渡、フォークルらの足跡を辿り、関西のアングラ史を探る。（タブレット純）

痛みの作文 ANARCHY

京都・向島の過酷な環境で育った少年は音楽と仲間に出会い奇跡を起こす。日本を代表するラッパーが綴る魂震えるリアル・ストーリー。（都築響一）

大正時代の身の上相談 カタログハウス編

他人の悩みはいつの世も蜜の味。大正時代の新聞紙上で129人が相談した、あきれた悩み、深刻な悩みが時代を映し出す。（小谷野敦）

横井軍平ゲーム館 横井軍平 牧野武文

数々のヒット商品を生み出した任天堂の天才開発者・横井軍平。知られざる開発秘話とクリエイター哲学を語った貴重なインタビュー。（ブルボン小林）

悪魔が憐れむ歌 高橋ヨシキ

政治的に正しくなく、安っぽいショックの中にこそ救いとなる表現がある。映画に「絶望と恐怖」という友人を見出すための案内書。（田野辺尚人）

バーボン・ストリート・ブルース 高田渡

流行に迎合せず、グラス片手に飄々とうたい続け、いぶし銀のような輝きを放ちつつ逝った高田渡の酔いどれ人生、ここにあり。（スズキコージ）

間取りの手帖 remix 佐藤和歌子

世の中にこんな奇妙な部屋が存在するとは！ 間取りと一言コメント。文庫化に当たり、間取りとコラムを追加し著者自身が再編集。（南伸坊）

ブルース・リー 四方田犬彦

ブルース・リーこと李小龍はメロドラマで高評を獲得し、アクション映画の地図を塗り替えた。この天才俳優の全作品を論じる、アジア映画研究の決定版。

たまもの 神藏美子

彼と離れると世界がなくなってしまうと思っていたのに、別の人に惹かれ二重生活を始めた「私」。写真と文章で語られる「センチメンタルな」記録。

青春と変態 会田誠

著者の芸術活動の最初期にあり、高校生男子の暴発するエネルギーを、日記形式の独白調で綴る変態的青春小説もしくは青春的変態小説。（松蔭浩之）

品切れの際はご容赦ください

異界を旅する能　安田登
「能」は、旅する「ワキ」と、幽霊や精霊である「シテ」の出会いから始まる。そして、リセットが鍵となる日本文化を解き明かす。（松岡正剛）

見えるものと観えないもの　横尾忠則
アートは異界への扉だ！　吉本ばなな、島田雅彦から黒澤明、淀川長治まで、現代を代表する十一人との、この世ならぬ超絶対談集。（和田誠）

ぼくなりの遊び方、行き方　横尾忠則
日本を代表する美術家の自伝。登場する人物、起こる出来事その全てが日本のカルチャー史！　壮大な物語はあらゆるフィクションを超える。（川村元気）

アンビエント・ドライヴァー　細野晴臣
はっぴいえんど、YMO……日本のポップシーンで様々な花を咲かせ続ける著者の進化し続ける自己省察。帯文＝小山田圭吾（テイ・トウワ）

skmt 坂本龍一とは誰か　坂本龍一＋後藤繁雄
坂本龍一は、何を感じ、どこへ向かっているのか？　独特編集者・後藤繁雄のインタビューにより、独創性の秘密にせまる。予見に満ちた思考の軌跡。

日本美術応援団　赤瀬川原平　山下裕二
雪舟の「天橋立図」凄いけどどこかヘン⁉　光琳にはなくて宗達にはある〝乱暴力〟とは？　教養主義にとらわれない大胆不敵な美術鑑賞法‼

建築探偵の冒険・東京篇　藤森照信
街を歩きまわり、古い建物、変わった建物を発見し調査する〝東京建築探偵団〟の主唱者による、建築をめぐる不思議で面白い話の数々。（山下洋輔）

普段着の住宅術　中村好文
住む人の暮らしにしっくりとなじむ、居心地のよい住まいを一緒に考えよう。暮らす豊かさの滋味を味わう建築書の名著、大幅加筆の文庫で登場。

私の好きな曲　吉田秀和
永い間にわたり心の糧となり魂の慰藉となってきた、最も愛着の深い音楽作品について、その魅力を語る、限りない喜びにあふれる音楽評論。（保苅瑞穂）

世界の指揮者　吉田秀和
フルトヴェングラー、ヴァルター、カラヤン……演奏史上に輝く名指揮者28人に光をあて、音楽の特質と魅力を論じた名著の増補版。（二宮正之）

モチーフで読む美術史2　宮下規久朗

絵の中に描かれた代表的なテーマを手掛かりに美術を読み解く入門書、第二弾。壁画から襖絵まで和洋幅広いジャンルを網羅。カラー図版250点以上！

しぐさで読む美術史　宮下規久朗

西洋美術では、身振りや動作で意味や感情を伝える。古今東西の美術作品を「しぐさ」から解き明かす『モチーフで読む美術史』姉妹編。図版200点以上。

印象派という革命　木村泰司

モネ、ドガ、ルノワール。日本人に人気の印象派の絵は、美術史に革命をもたらした芸術運動だった！近代美術史の核心を一冊で学べる入門書。

既にそこにあるもの　大竹伸朗

画家、大竹伸朗「作品への得体の知れない衝動」を伝える20年間のエッセイ。文庫では新作を含む木版画、未発表エッセイ多数収録。（森山大道）

眼の冒険　松田行正

森羅万象の図像を整理し、文脈を超えてあらわれる象徴的な意味を読み解くことで、デザイン的思考の臨界に迫る。図版資料満載の美装文庫。（鷲田清一）

シャネル　山田登世子

最強の企業家、ガブリエル・シャネル。彼女のブランドと彼女の言葉は、抑圧された世界の女性を鮮やかに解き放った——その伝説を一冊に。（鹿島茂）

グレン・グールド　青柳いづみこ

20世紀をかけぬけた衝撃の演奏家の遺した謎をピアニストの視点で追い究め、ライヴ演奏にも着目、つねに斬新な魅惑と可能性に迫る。（小山実稚恵）

音楽放浪記　世界之巻　片山杜秀

クラシック音楽を深く愉しみたいなら、歴史的な脈絡をつけて聴くべし！　古典から現代音楽を整理し、音楽の本質に迫る圧倒的な音楽評論。（三浦雅士）

音楽放浪記　日本之巻　片山杜秀

山田耕筰、橋本國彦、伊福部昭、坂本龍一……。伝統と西洋近代の狭間で、日本の音楽家は何を考えたか？稀代の評論家による傑作音楽評論。（井上章一）

歌を探して　友部正人

詩的な言葉で高く評価されるミュージシャン自ら選んだベストエッセイ。最初の作品集から書き下ろしまで。帯文＝森山直太朗（谷川俊太郎）

品切れの際はご容赦ください

文房具56話　串田孫一

使う者の心をときめかせる文房具。どうすればこの小さな道具が創造力の源泉になりうるのか。文房具の想い出や新たな発見、工夫や悦びを語る。

おかしな男　渥美清　小林信彦

芝居や映画をよく観る勉強家の彼と喜劇マニアのぼく。映画「男はつらいよ」の〈寅さん〉になる前の若き日の渥美清の姿を愛情こめて綴った人物伝。（中野翠）

青春ドラマ夢伝説　岡田晋吉

『青春とはなんだ』『俺たちの旅』『あぶない刑事』……。テレビ史に残る名作ドラマを手掛けた敏腕TVプロデューサーが語る制作秘話。（鎌田敏夫）

万華鏡の女　女優ひし美ゆり子　ひし美ゆり子／樋口尚文

ウルトラセブンのアンヌ隊員を演じてから半世紀、いまも人気を誇る女優ひし美ゆり子。70年代には様々な映画にも出演した。女優活動の全貌を語る。

ゴジラ　香山滋

今も進化を続けるゴジラの原点。太古生命への讃仰、原水爆への怒りなどを込めた、原作者による小説・エッセイなどを集大成する。（竹内博）

赤線跡を歩く　木村聡

戦後まもなく特殊飲食店街として形成された赤線地帯。その後十余年、都市空間を彩ったその宝石のような建築物と街並みの今を記録した写真集。

おじさん酒場　増補新版　山田真由美文　なかむらるみ絵

いま行くべき居酒屋、ここにあり！　居酒屋から始まる夜の冒険へ読者をご招待。さあ、読んで酒を飲もう。いい酒場に行こう。巻末の名店案内105も必見。

プロ野球新世紀末ブルース　中溝康隆

伝説の名勝負から球界の大事件まで愛と笑いの平成プロ野球コラム。TV、ゲームなど平成カルチャーとプロ野球の新章を増補し文庫化。（熊崎風斗）

禅ゴルフ　Dr.ジョセフ・ペアレント　塩谷紘訳

今という瞬間だけを考えてショットに集中し、結果に関して自分を責めない。禅を通してゴルフの本質と心をコントロールする方法を学ぶ。

国マニア　吉田一郎

ハローキティ金貨を使える国があるってほんと⁉　私たちのありきたりな常識を吹き飛ばしてくれる、世界のどこか変てこな国と地域が大集合。

旅の理不尽　宮田珠己
旅好きタマキングが、サラリーマン時代に休暇を使い果たして旅したアジア各地の脱力系体験記。鮮烈なデビュー作、待望の復刊！（蔵前仁一）

ふしぎ地名巡り　今尾恵介
古代・中世に誕生したものもある地名は「無形文化財」的でありながら、「日用品」でもある。異なる性格を同時に併せもつ独特な世界を紹介する。

はじめての暗渠散歩　本田創／髙山英男／吉村生／三土たつお
失われた川の痕跡を探して散歩すれば別の風景が現れる。橋の跡、コンクリ蓋、銭湯や豆腐店等水に関わる店。ロマン溢れる町歩き。帯文＝泉麻人

鉄道エッセイコレクション　芦原伸編
本を携えて鉄道旅に出よう！　文豪、車掌、音楽家――、生粋の鉄道好き20人が愛を込めて書いた「鉄分100％」のエッセイ／短篇アンソロジー。

発声と身体のレッスン　鴻上尚史
あなた自身の「こえ」と「からだ」を自覚し、魅力的に向上させるための必要最低限のレッスンの数々。続ければ驚くべき変化が！（安田登）

B級グルメで世界一周　東海林さだお
読んで楽しむ世界の名物料理。キムチの辛さにうなり、小籠包の謎に挑み、チーズフォンデュを見直し、どこかで一滴の醤油味に焦がれる。（久住昌之）

中央線がなかったら　見えてくる東京の古層　陣内秀信／三浦展編著
中央線がもしなかったら？　中野、高円寺、阿佐ヶ谷、国分寺……地形、水、古道、神社等に注目すれば東京の古代・中世が見えてくる！　対談を増補。

決定版　天ぷらにソースをかけますか？　野瀬泰申
食の常識をくつがえす、衝撃の一冊。天ぷらにソースをかけないのは、納豆に砂糖を入れないのは――あなただけかもしれない。（小宮山雄飛）

増補　頭脳勝負　渡辺明
棋士は対局中何を考え、休日は何をしている？　将棋の面白さ、プロ棋士としての生活、いま明かされるトップ棋士の頭の中！（大崎善生）

世界はフムフムで満ちている　金井真紀
街に出て、会って、話した！　海女、石工、コンビニ店長……。仕事の達人のノビノビ生きるコツを拾い集めた。楽しいイラスト満載。（金野典彦）

品切れの際はご容赦ください

体癖　野口晴哉

整体の基礎的な体の見方、「体癖」とは？　人間の体をその構造や感受性の方向によって、12種類に分ける。それぞれの個性を活かす方法とは？（加藤尚宏）

風邪の効用　野口晴哉

風邪は自然の健康法である。風邪をうまく経過すれば体の偏りを修復できる。風邪を通して人間の心と体を見つめた、著者代表作。（伊藤桂一）

回想の野口晴哉　野口昭子

〝野口整体〟の創始者・野口晴哉の妻が、晴哉の幼少期から晩年までを描いた伝記エッセイ。「気」の力に目覚め、整体の技を大成、伝授するまで。

整体から見る気と身体　片山洋次郎

「整体」は体の歪みの矯正ではなく、歪みを活かしてのびのびした体にする。老いや病はプラスにもなる。滔々と流れる生命観。よしもとばなな氏絶賛！

日々の整体　決定版　片山洋次郎

朝・昼・晩、自分でできる整体の決定版。呼吸と簡単なメソッドで、ストレスや疲労から心身を解放する。イラスト満載。（小川美潮）

自分にやさしくする整体　片山洋次郎

こんなに簡単に自分で整体できるとは！「脱ストレッチ」など著者独自の方法も。肩こり、腰痛など症状別チャート付。（甲田益也子）

大和なでしこ整体読本　三枝誠

体が変われば、心も変わる。「野口整体」「養神館合気道」などをベースに多くの身体を観てきた著者が、簡単に行える効果抜群の健康法を解説。

東洋医学セルフケア　365日　長谷川淨潤

風邪、肩凝り、腹痛など体の不調を自分でケアできる方法満載。整体、ヨガ、自然療法等に基づく呼吸法、運動等で心身が変わる。索引付。必携！

身体能力を高める「和の所作」　安田登

なぜ能楽師は80歳になっても颯爽と舞うことができるのか？「すり足」「新聞パンチ」等のワークで大腰筋を鍛え集中力をつける。（内田樹）

わたしが輝くオージャスの秘密　服部みれい　蓮村誠監修

インドの健康法アーユルヴェーダでオージャスとは生命エネルギーのこと。オージャスを増やして元気で魅力的な自分になろう。モテる！　願いが叶う！

あたらしい自分になる本 増補版　服部みれい

著者の代表作。心と体が生まれ変わる知恵の数々。文庫化にあたり新たな知恵を追加。冷えとり、アーユルヴェーダ、ホ・オポノポノetc.（辛酸なめ子）

わたしの中の自然に目覚めて生きるのです 増補版　服部みれい

生き方の岐路に立ったら。毎日の悩みにも。自分の中の「自然」が答えてくれる。心身にも、人間関係にも役立つ。推薦文＝北山耕平、吉本ばなな

自由な自分になる本 増補版　服部みれい

呼吸法、食べもの、冷えとり、数秘術、前世療法などで、からだもこころも魂も自由になる。文庫化にあたり一章分書き下ろしを追加。（川島小鳥）

酒のさかな　高橋みどり

ささっと切ったり合わせたり、気のきいた器にちょっと盛ればでき上がり。ついつい酒が進む、名店「にぼし」店主・船田さんの無敵の肴98品を紹介。

くいしんぼう　高橋みどり

高望みはしない。ゆでた野菜を盛るくらい。でもごはんはちゃんと炊く。料理する、食べる、それを繰り返す、読んでおいしい生活の基本。（高山なおみ）

大好きな野菜 大好きな料理　有元葉子

この野菜ならこの料理！ 29の野菜について、味の方向や調理法を変えたベストな料理を3つずつご紹介。あなたの野菜生活が豊かに変わります。

母のレシピノートから　伊藤まさこ

ロールキャベツやゆで卵入りのコロッケ……家族のために作られた懐かしい味の記憶とレシピ。文庫化にあたり、さらに新たな味わいを大幅加筆。

北京の台所、東京の台所　ウー・ウェン

料理研究家になるまでの半生、文化大革命などの出来事、北京の人々の暮らしの知恵、日中の料理について描く。北京家庭料理レシピ付。（木村衣有子）

ひきこもりグルメ紀行　カレー沢薫

博多通りもんが恋しくて――。家から一歩も出たくない漫画家が「おとりよせ」を駆使してご当地グルメを味わい尽くす〝ぐうたら系〟食コラム。

味見したい本　木村衣有子

読むだけで目の前に料理や酒が現れるかのような食の本についてのエッセイ。古川緑波や武田百合子の食卓。居酒屋やコーヒーの本も。帯文＝高野秀行

品切れの際はご容赦ください

井上ひさし ベスト・エッセイ　井上ひさし　井上ユリ編

むずかしいことをやさしく……幅広い著作活動を続け、多岐にわたるエッセイを残した「言葉の魔術師」井上ひさしの作品を精選して贈る。（佐藤優）

ひと・ヒト・人　井上ひさし　井上ユリ編

道元・漱石・賢治・菊池寛・司馬遼太郎・松本清張・渥美清・母……敬し、愛した人々とその作品を描きつくしたベスト・エッセイ集。（野田秀樹）

開高健 ベスト・エッセイ　開高健　小玉武編

文学から食、ヴェトナム戦争まで――おそるべき博覧強記と行動力。「生きて、書いて、ぶつかった」開高健の広大な世界を凝縮したエッセイを精選。

吉行淳之介 ベスト・エッセイ　吉行淳之介　荻原魚雷編

創作の秘密から、ダンディズムの条件まで。「文学」「男と女」「紳士」「人物」のテーマごとに厳選した、吉行淳之介の入門書にして決定版。（大竹聡）

色川武大・阿佐田哲也 ベスト・エッセイ　色川武大／阿佐田哲也　大庭萱朗編

二つの名前を持つ作家のベスト。文学論、落語からタモリまでの芸能論、ジャズ、作家たちとの交流も。阿佐田哲也名の博打論も収録。（木村紅美）

殿山泰司 ベスト・エッセイ　殿山泰司　大庭萱朗編

独自の文体と反骨精神で読者を魅了する性格俳優、故・殿山泰司の自伝エッセイ、撮影日記、ジャズ、政治評。未収録エッセイも多数！（戌井昭人）

田中小実昌 ベスト・エッセイ　田中小実昌　大庭萱朗編

東大哲学科を中退し、バーテン、香具師などを転々とし、飄々とした作風とミステリー翻訳で知られるコミさんの厳選されたエッセイ集。（片岡義男）

森毅 ベスト・エッセイ　森毅　池内紀編

まちがったって、完璧じゃなくたって、人生は楽しい。稀代の数学者が放った教育・社会・歴史他様々なジャンルに亘るエッセイを厳選収録！

山口瞳 ベスト・エッセイ　山口瞳　小玉武編

サラリーマン処世術から飲食、幸福と死まで。――幅広い話題の中に普遍的な人間観察眼が光る山口瞳の豊饒なエッセイ世界を一冊に凝縮した決定版。

同日同刻　山田風太郎

太平洋戦争中、人々は何を考えどう行動していたのか。敵味方の指導者、軍人、兵士、民衆の姿を膨大な資料を基に再現。（高井有一）

兄のトランク　宮沢清六

兄・宮沢賢治の生と死をそのかたわらでみつめ、兄の死後も烈しい空襲や散佚から遺稿類を守りぬいてきた実弟が綴る、初のエッセイ集。

春夏秋冬　料理王国　北大路魯山人

一流の書家、画家、陶芸家にして、希代の美食家でもあった魯山人が、生涯にわたり追い求めて会得した料理と食の奥義を語り尽す。（山田和）

日本ぶらりぶらり　山下清

坊主頭に半ズボン、リュックを背負い日本各地の旅に出た〝裸の大将〟が見聞きするものは不思議なことばかり。スケッチ多数。（壽岳章子）

のんのんばあとオレ　水木しげる

「のんのんばあ」といっしょにお化けや妖怪の住む世界をさまよっていたあの頃——漫画家・水木しげるの、とてもおかしな少年記。（井村君江）

ねぼけ人生〈新装版〉　水木しげる

戦争で片腕を喪失、紙芝居・貸本漫画の時代と、波瀾万丈の人生を、楽天的に生きぬいてきた水木しげるの、面白くも哀しい半生記。（呉智英）

老いの生きかた　鶴見俊輔編

限られた時間の中で、いかに充実した人生を過ごすかを探る十八篇の名文。来るべき日にむけて考えるヒントになるエッセイ集。

老人力　赤瀬川原平

20世紀末、日本中を脱力させた名著『老人力』と『老人力②』が、あわせて文庫に！　ぼけ、ヨイヨイ、もうろくに潜むパワーがここに結集する。

東京骨灰紀行　小沢信男

両国、谷中、千住……アスファルトの下、累々と埋もれる無数の骨灰をめぐり、忘れられた江戸・東京の記憶を掘り起こす鎮魂行。（黒川創）

向田邦子との二十年　久世光彦

あの人は、あり過ぎるくらいあった始末におえない胸の中のものを誰にだって、一言も口にしない人だった。時を共有した二人の世界。（新井信）

東海林さだおアンソロジー
人間は哀れである　東海林さだお　平松洋子編

世の中にはびこるズルの壁、はっきりしない往生際……抱腹絶倒のあとに東海林流のペーソスが心に沁みてくる。平松洋子が選ぶ23の傑作エッセイ。

品切れの際はご容赦ください

杉浦日向子ベスト・エッセイ　杉浦日向子
初期の単行本未収録作品から、若き晩年、自らの生と死を見つめた名篇までを、多彩な活躍をした人生の軌跡を辿るように集めた、最良のコレクション。

お江戸暮らし　杉浦日向子
江戸にすんなり遊べる幸せ。漫画、エッセイ、語りと江戸の魅力を多角的に語り続けた杉浦日向子の作品群から、精選して贈る、最良の江戸の入口。

向田邦子シナリオ集　向田邦子　向田和子編
いまも人々の胸に残る向田邦子のドラマ。「隣りの女」「七人の刑事」など、テレビ史上に残る名作、知られざる傑作をセレクト収録する。（平松洋子）

甘い蜜の部屋　森茉莉
天使の美貌、無意識の媚態。薔薇の蜜で男たちを溺れ死なせていく少女モイラと父親の濃密な愛の部屋。稀有なロマネスク。（矢川澄子）

貧乏サヴァラン　森茉莉　早川暢子編
オムレット、ボルドオ風茸料理、野菜の牛酪煮……。食いしん坊茉莉は料理自慢。香り豊かな〝茉莉ことば〟で綴られる垂涎の食エッセイ。文庫オリジナル。

紅茶と薔薇の日々　森茉莉　早川茉莉編
天皇陛下のお菓子に洋食店の味、庭に実る木苺……森鷗外の娘にして無類の食いしん坊、森茉莉が描く懐かしく愛おしい美味の世界。（辛酸なめ子）

遊覧日記　武田百合子　武田花・写真
行きたい所へ行きたい時に、つれづれに出かけてゆく。一人で。または二人で。あちらこちらを遊覧しながら綴ったエッセイ集。（巖谷國士）

ことばの食卓　武田百合子　野中ユリ・画
なにげない日常の光景やキャラメル、枇杷など、食べものに関する昔の記憶と思い出を感性豊かな文章で綴ったエッセイ集。（種村季弘）

クラクラ日記　坂口三千代
戦後文壇を華やかに彩った無頼派の雄・坂口安吾との、嵐のような生活を妻の座から愛と悲しみをもって描く回想記。巻末エッセイ＝松本清張

妹たちへ　矢川澄子ベスト・エッセイ　矢川澄子　早川茉莉編
澁澤龍彥の最初の夫人であり、孤高の感性と自由な知性の持ち主であった矢川澄子。その作品に様々な角度から光をあて織り上げる珠玉のアンソロジー。

わたしは驢馬に乗って下着をうりにゆきたい　鴨居羊子
新聞記者から下着デザイナーへ。斬新で夢のある下着を世に送り出し、下着ブームを巻き起こした女性起業家の悲喜こもごも。（近代ナリコ）

遠い朝の本たち　須賀敦子
一人の少女が成長する過程で出会い、愛しんだ文学作品の数々を、記憶に深く残る人びとの想い出とともに描くエッセイ。（末盛千枝子）

神も仏もありませぬ　佐野洋子
還暦……もう人生おりたかった。でも春のきざしの蕗の薹に感動する自分がいる。意味なく生きても人は幸せなのだ。第3回小林秀雄賞受賞。（長嶋康郎）

私はそうは思わない　佐野洋子
佐野洋子は過激だ。ふつうの人が思うようには思わない。大胆で意表をついたまっすぐな発言をする。だから読後が気持ちいい。（群ようこ）

色を奏でる　志村ふくみ・文　井上隆雄・写真
色と糸と織――それぞれに思いを深めて織り続ける染織家にして人間国宝の著者の、エッセイと鮮かな写真が織りなす豊醇な世界。オールカラー。

老いの楽しみ　沢村貞子
八十歳を過ぎ、女優引退を決めた著者が、日々の思いを綴る。齢にさからわず、「なみ」に、気楽に、と過ごす時間に楽しみを見出す。（山崎洋子）

おいしいおはなし　高峰秀子編
向田邦子、幸田文、山田風太郎……著名人23人の美味な思い出。文学や芸術にも造詣が深かった往年の大女優・高峰秀子が厳選した珠玉のアンソロジー。

パンツの面目ふんどしの沽券　米原万里
キリストの下着はパンツか腰巻か？　幼い日にめばえた疑問を手がかりに、人類史上の謎に挑んだ、抱腹絶倒&禁断のエッセイ。（井上章一）

新版　いっぱしの女　氷室冴子
時を経てなお生きる言葉のひとつひとつが、呼吸を楽にしてくれる――。大人気小説家・氷室冴子の名作エッセイ、待望の復刊！（町田そのこ）

真似のできない女たち　山崎まどか
彼女たちの真似はできない、しかし決して「他人」でもない。シンガー、作家、デザイナー、女優……唯一無二で炎のような女性たちの人生を追う。

品切れの際はご容赦ください

ちくま文庫

大正時代《たいしょうじだい》の身《み》の上相談《うえそうだん》

二〇〇二年二月六日　第一刷発行
二〇二三年六月五日　第十四刷発行

編　者　カタログハウス
発行者　喜入冬子
発行所　株式会社　筑摩書房
東京都台東区蔵前二―五―三　〒一一一―八七五五
電話番号　〇三―五六八七―二六〇一（代表）
装幀者　安野光雅
印刷所　三松堂印刷株式会社
製本所　三松堂印刷株式会社

乱丁・落丁本の場合は、送料小社負担でお取り替えいたします。
本書をコピー、スキャニング等の方法により無許諾で複製することは、法令に規定された場合を除いて禁止されています。請負業者等の第三者によるデジタル化は一切認められていませんので、ご注意ください。
© CHIKUMA SHOBO 2002　Printed in Japan
ISBN4-480-03710-1　C0136